Knaur
MensSana

Über die Autoren:

Renee Baron ist Schriftstellerin und Therapeutin. Sie setzt das Enneagramm in ihrer Beratungspraxis ein.

Elizabeth Wagele ist Schriftstellerin und arbeitet hauptberuflich als Karikaturistin für große Magazine.

Renee Baron
Elizabeth Wagele

Das Enneagramm leichtgemacht

Entdecken Sie das System
der 9 Archetypen

Aus dem Amerikanischen
von Franchita Cattani

Knaur
MensSana

Die amerikanische Originalausgabe erschien unter dem Titel
The Enneagramm Made Easy bei Harper, San Francisco

Besuchen Sie uns im Internet:
www.droemer-knaur.de

Vollständige Taschenbuchausgabe
Droemersche Verlagsanstalt Th. Knaur Nachf., München
Dieser Titel erschien bereits im Juni 1996 unter der Bandnummer 86104.

Umschlaggestaltung: Agentur Zero, München
Satz: Ventura Publisher im Verlag
Druck und Bindung: Ebner Ulm
Printed in Germany
ISBN 3-426-87068-1

2 4 5 3 1

Für Liz (eine Fünf), für das viele Lachen in all den Jahren unserer Freundschaft und für ihre Fähigkeit, beim Schreiben den Kern der Wahrheit zu treffen. Für meine Kinder Jodi, Tami und Dan und für meine Freunde – mit dem innigsten Dank für ihre Zuneigung und Unterstützung. Und mit großer Dankbarkeit für die Zwölf-Schritte-Gruppe und die Führung der höheren Macht in mir.

Renee

Für Renee (eine Zwei), für ihre Freundschaft, ihren Witz und ihr Wissen, vor allem aber für ihre Aufrichtigkeit und für meine ganze Familie: Gus, Nick, Martha, Augie und Miranda und alle meine Freunde. Vielen Dank für Eure Hilfe.

Liz

Die Cartoons in diesem Buch hat Liz gezeichnet, wobei Renee ihr über die Schulter guckte. Das beweist, daß man mit dem Enneagramm in *jeder* Zweierkombination zusammenarbeiten kann.

Inhalt

DIE PARTY

Reich mal her. ALLES HIER HER!
Ich fühl' mich allen so NAHE!
Das Essen ist nicht ausgewogen genug!
Erst eß' ich was, dann schieß' ich ein paar Fotos, dann ab in den Kurs, dann ...
Wie schön, daß man mich braucht!
neun
acht
eins
sieben
zwei
Nur schnell essen, dann weg. Ich bin total überlastet!
sechs
drei
Was, sie geht schon – mag sie uns etwa nicht?
fünf
vier
Kaviarersatz – unmööööglich!
Was die alles reden können! – zum Glück, dann hab' ich meine Ruhe!

Das Enneagramm

Das Enneagramm ist eine Beschreibung von neun Grundtypen der Persönlichkeit. Es erklärt, weswegen wir uns gerade so und nicht anders verhalten, und gibt Hinweise darauf, in welche Richtung sich jeder im Laufe seines persönlichen Wachstums weiterentwickeln kann. Es ist ein wichtiges Werkzeug zur Verbesserung der Beziehungen zu Angehörigen, Freunden und Mitarbeitern.
Das Enneagramm läßt sich viele Jahrhunderte zurückverfolgen. Sein genauer Ursprung ist nicht bekannt, aber es heißt, es sei ursprünglich in geheimen Sufi-Gemeinschaften im Nahen Osten gelehrt worden. Der russische spirituelle Lehrer G. I. Gurdjieff machte es in den zwanziger Jahren in Europa bekannt, und in den sechziger Jahren gelangte es in die Vereinigten Staaten.

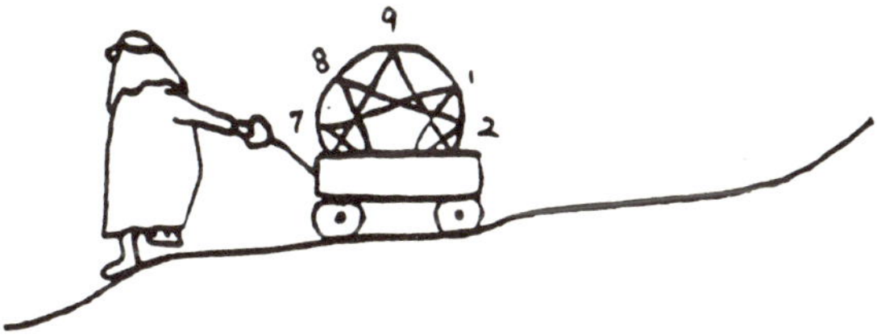

Das Enneagramm wird als ein Kreis mit einem neunzackigen Stern darin dargestellt. *Ennea* heißt griechisch »neun«, und *gramma* bedeutet »eine Zeichnung«. Das *Enneagramm* ist also »eine Zeichnung mit neun Spitzen«.
Das Enneagramm lehrt, daß wir frühzeitig im Leben schon ler-

nen, wie wir uns sicher fühlen und mit der jeweiligen Familiensituation und persönlichen Umständen zurechtkommen können, indem wir eine Strategie entwickeln, die unseren angeborenen Talenten und Fähigkeiten entspricht.

Durch die Arbeit mit dem Enneagramm entwickeln wir ein tieferes Verständnis für andere und lernen Alternativen zu unseren eigenen Verhaltensmustern kennen. Wir lassen überholte Überlebensstrategien fallen und fangen an, das Leben aus einer breiteren Perspektive zu betrachten.

Menschen desselben Typs haben dieselbe Grundeinstellung und sehen die Welt grundsätzlich ähnlich. Abweichungen innerhalb eines Archetyps ergeben sich aus verschiedenen Faktoren wie Reife, Elterntyp, Platz in der Geschwisterreihe, kulturellen Werten und angeborenen Wesenszügen wie Intro- oder Extraversion.

Wenn du dich nach und nach mit dem Enneagramm vertraut machst, wirst du bald auch deine Bekannten einem bestimmten Typ zuordnen. Wir empfehlen dir, deine Vermutungen für dich zu behalten und offen zu bleiben. Es ist wichtig, daß der jeweilige Typ genau bestimmt wird, und das muß jeder seiner oder ihrer eigenen inneren Wahrnehmung gemäß tun.

Vielleicht tröstet es dich, zu wissen, daß Millionen von Menschen dieselben Überlebensstrategien haben wie du. Die Verhaltensmuster, die sich aus der Kombination der neun Typen ergeben, sind aber ebenso zahlreich, unerklärlich und einmalig wie der jeweilige Mensch.

Wie man sich im Enneagramm bewegt

1. Das Enneagramm-Symbol

Die neun Spitzen im Kreis lassen sich in ein Dreieck und eine sechseckige Figur aufteilen.

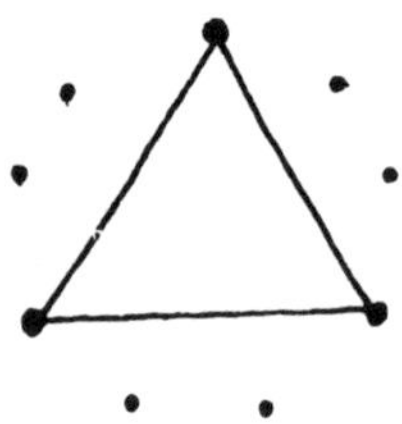

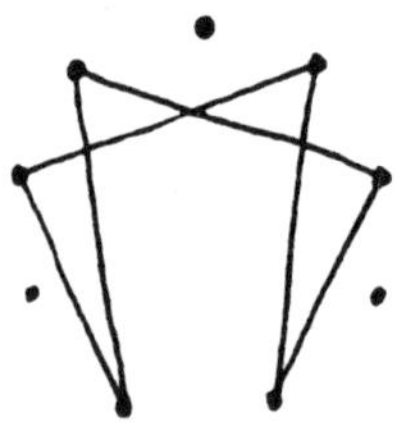

2. Die Pfeile

Jede Spitze des Enneagramms ist mit zwei anderen Spitzen verbunden. Diese beiden Spitzen nennt man »Pfeile«. Wenn du entspannt bist, nimmst du die positiven Eigenschaften der mit dir verbundenen Typen an, und zwar in der Reihenfolge 1–7–5–8–2–4–1 und 3–6–9–3. Die Eins bewegt sich zur Sieben, die Sieben zur Fünf und so weiter. Unter Druck geht es in die andere Richtung: Man nimmt die negativen Eigenschaften der Vier, dann der Zwei und so weiter an. Die Pfeile sind ein dynamisches Werkzeug zum persönlichen Wachstum und werden in den jeweiligen Kapiteln erklärt.

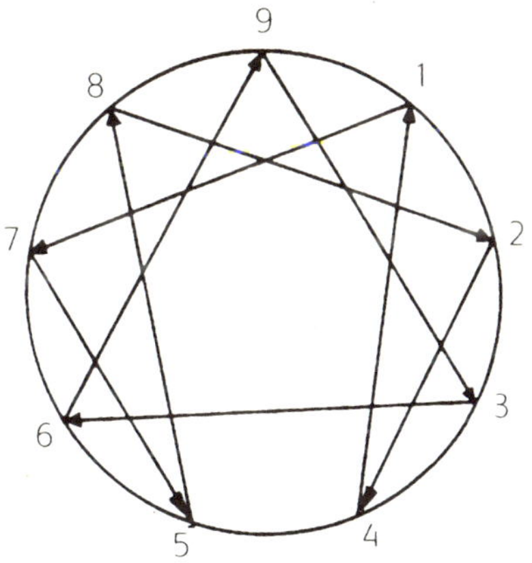

3. Die Flügel

Es kann vorkommen, daß deine Persönlichkeit sich mit derjenigen der Typen rechts oder links von dir vermischt oder von ihnen gefärbt wird. So kann beispielsweise eine Neun einige Merkmale der Eins oder Acht aufweisen. Diese benachbarten Typen nennt man Flügel.

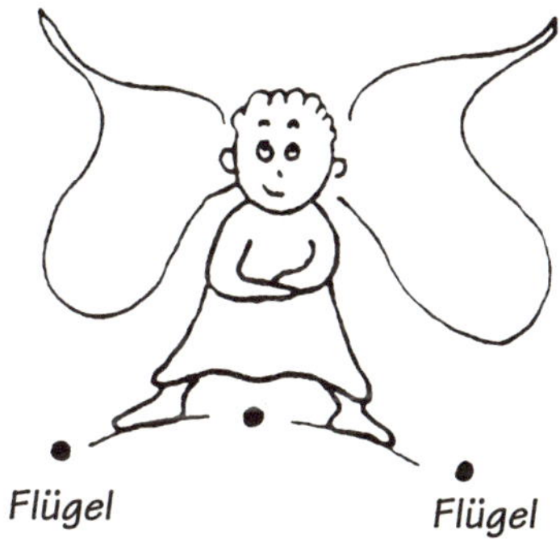

Manche Menschen scheinen als Kinder einem anderen Typ angehört zu haben denn als Erwachsene. Gewöhnlich hängen diese Typen durch Pfeile oder Flügel miteinander zusammen.

Kurze Beschreibung der neun Typen

1. *Perfektionisten* sind realistisch, gewissenhaft und haben Prinzipien. Sie versuchen, ihren hohen Idealen nachzuleben.
2. *Helfer* sind warmherzig, besorgt, fürsorglich und nehmen die Bedürfnisse anderer wahr.
3. *Macher* sind energisch, optimistisch, selbstbewußt und zielgerichtet.
4. *Romantiker* sind sensibel, warmherzig und einfühlsam.
5. *Denker* sind wissensdurstig, introvertiert, neugierig, analytisch veranlagt und einsichtig.
6. *Loyale Skeptiker* sind verantwortungsvoll, vertrauenswürdig und schätzen Loyalität der Familie, Freunden, Gruppen und einer Sache gegenüber. Sie können sowohl reserviert und schüchtern als auch geradeheraus und konfrontationsfreudig sein.
7. *Vielseitige* sind unternehmungslustig, lebhaft und optimistisch. Sie wollen ihren Beitrag an die Welt leisten.
8. *Bosse* sind direkt, selbständig, selbstbewußt und beschützend.
9. *Friedliebende* sind aufgeschlossen, gutmütig und hilfsbereit. Sie suchen die Einheit mit anderen und der Welt.

Die drei Zentren

Wenn du dein »Zentrum« herausfindest, hast du einen Schlüssel zu deinem Persönlichkeitstyp in der Hand. Jeweils drei nebeneinanderliegende Typen machen ein Zentrum aus, die zusammen den drei Körperzentren entsprechen: Dem Herzen, dem Kopf und dem Bauch.

Das Herz- oder Gefühlszentrum (Kennzeichen: »Image«)

Helfer (Zweien) interessieren sich für Menschen und umsorgen sie. Sie wollen als liebevoll gelten.

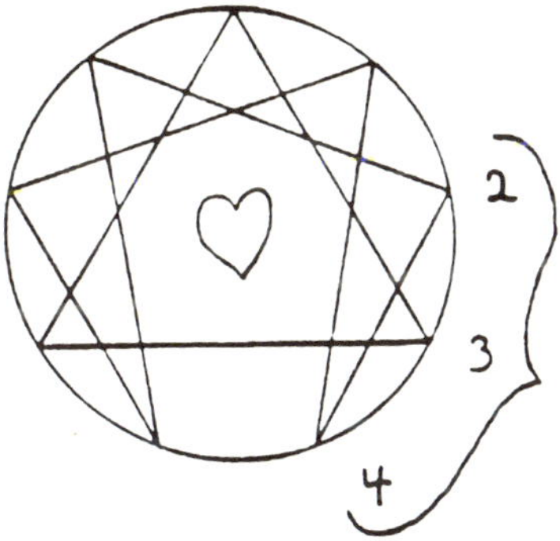

Macher (Dreien) möchten gerne in einem günstigen Licht gesehen werden, das den gesellschaftlichen Normen entspricht.
Romantiker (Vieren) haben ein starkes Bedürfnis nach Selbstdarstellung und wollen originell wirken.

Das Kopf- oder Denkzentrum (Kennzeichen: »Angst«)
Beobachter (Fünfen) verlassen sich auf ihre eigenen Kräfte und finden ihre Sicherheit in Kenntnissen und Wissen.
Loyale Skeptiker (Sechsen) versuchen, der Angst dadurch zu entgehen, daß sie sich Erlaubnis und Bestätigung von Autoritätsfiguren holen oder gegen sie rebellieren.
Abenteurer (Siebenen) sind aktiv und optimistisch. Sie gehen unangenehmen Gefühlen – einschließlich der Angst – aus dem Weg.

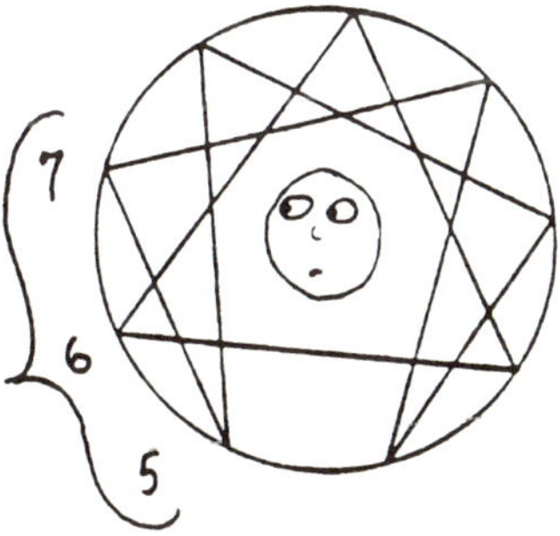

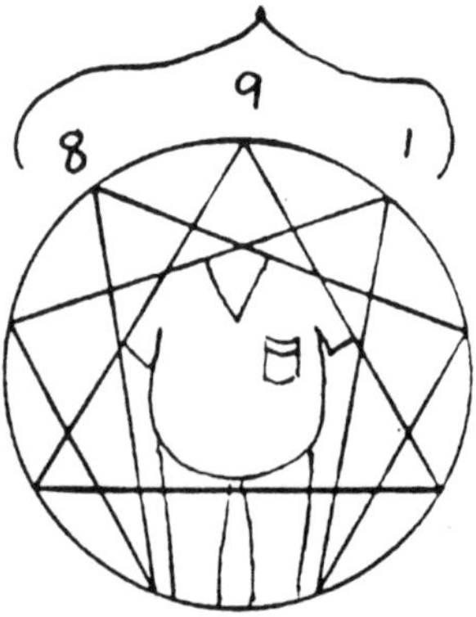

Das Bauch- oder Instinktzentrum (Kennzeichen: »Wut«)

Bosse (Achten) zeigen sich stark und fürchten sich nicht, ihre Wut auszudrücken.

Friedliebende (Neunen) sind angenehm und zuvorkommend und spüren oft gar nicht, daß sie wütend sind.

Perfektionisten (Einsen) betrachten Wut als Charakterschwäche und versuchen, sie zu unterdrücken. Sie halten sich streng an Verhaltensnormen oder versuchen, päpstlicher als der Papst zu sein.

Welcher Typ bist du?

Du kannst versuchen, dein Hauptzentrum herauszufinden, aber es gibt noch andere Möglichkeiten zur Bestimmung deines Typs.

1. Der Persönlichkeitsfragebogen

Fülle den Persönlichkeitsfragebogen am Anfang jedes Kapitels aus. Beantworte die Fragen so, als ob du noch nicht 25 wärst (wenn du älter bist), das heißt dem Alter entsprechend, in dem man noch vorwiegend automatisch reagiert. Der Fragebogen, in dem du die meisten Punkte erzielst, ist *wahrscheinlich* dein Typ, aber das reicht noch nicht. Am besten liest du alle Kapitel und füllst jeden Fragebogen aus. Wenn du dich nicht zwischen zwei nebeneinanderliegenden Typen entschließen kannst, ist der eine oder andere vermutlich dein stärker entwickelter Flügel.

2. Vergleich des Enneagramms mit den Jungschen Typen

Im letzten Kapitel wird der Myers-Briggs-Typen-Indikator nach der Jungschen Typologie kurz erläutert und mit dem Enneagramm verglichen. Dadurch bekommt das Enneagramm eine breitere Basis, und du findest vielleicht damit deinen Typ besser heraus.

Denk daran, daß nur du deinen Typ festlegen kannst. Laß dich nicht von anderen »typisieren«.

VOR DER PARTY

Der Perfektionist (die Eins)

Sicher habe ich auch Fehler,
aber nie unrecht!

JIMMY HOFFA
(ehemaliger Boß der Teamster-Gewerkschaft)

Einsen werden durch das Bedürfnis motiviert, »richtig« zu leben und sich und die Welt in ihrer Umgebung zu verbessern.

Im besten Fall sind Einsen
moralisch hochstehend
verläßlich
produktiv
klug
idealistisch
gerecht
ehrlich
ordnungsliebend
diszipliniert

Im schlimmsten Fall sind Einsen
bewertend
unflexibel
dogmatisch
zwangsneurotisch
kritisch
überaus ernst
überwachend
ängstlich
eifersüchtig

Persönlichkeitsfragebogen

Kreuze an, was auf dich zutrifft, wenn du noch nicht 25 Jahre alt bist, oder was zutraf, bevor du 25 warst.

- ☐ 1 Ich bin gerne systematisch und ordentlich.
- ☐ 2 Spontaneität fällt mir schwer.
- ☐ 3 Ich habe oft Schuldgefühle, weil ich nicht genug getan habe.
- ☐ 4 Es gefällt mir nicht, wenn Regeln nicht beachtet werden.
- ☐ 5 Grammatische und orthographische Felder stören mich sehr.
- ☐ 6 Ich bin ein Idealist und will die Welt verbessern.
- ☐ 7 Ich bin fast immer pünktlich.
- ☐ 8 Ich kann mich lange über etwas ärgern.
- ☐ 9 Ich halte mich für praktisch, vernünftig und realistisch.
- ☐ 10 Wenn ich eifersüchtig bin, bekomme ich Angst und greife an.
- ☐ 11 Entweder habe ich nicht genug Zeit zum Ausruhen oder glaube, ich dürfe das nicht tun.
- ☐ 12 Die Dinge sind für mich meistens richtig oder falsch, gut oder schlecht.
- ☐ 13 Ich überlege mir größere Anschaffungen sehr genau.
- ☐ 14 Ich fürchte mich vor der Kritik und dem Urteil anderer.
- ☐ 15 Ich vergleiche mich oft mit anderen.
- ☐ 16 Wahrheit und Gerechtigkeit sind mir sehr wichtig.
- ☐ 17 Ich habe oft das Gefühl, daß die Zeit knapp wird und noch soviel zu tun ist.
- ☐ 18 Ich tue beinahe immer, was ich gesagt habe.
- ☐ 19 Ich sorge mich fast unentwegt.
- ☐ 20 Ich führe gerne jede Einzelheit so perfekt wie möglich aus.

Wie man gut mit mir auskommt

- Übernimm deinen Teil der Verantwortung, damit nicht alle Arbeit an mir hängenbleibt.
- Lobe mich für meine Leistungen.
- Ich bin hart mit mir selbst. Sag mir, daß ich so in Ordnung bin.
- Sage mir, daß du dir gerne bei mir Rat holst.
- Sei so gerecht und rücksichtsvoll wie ich.
- Entschuldige dich, wenn du etwas Gedankenloses getan hast. Dann kann ich dir leichter vergeben.
- Erinnere mich sanft daran, es leichter zu nehmen und über mich zu lachen, wenn ich mich verkrampfe, aber höre dir erst meine Sorgen an.

Beziehungen

Einsen sind in ihrer Höchstform in Beziehungen loyal, hingebungsvoll, gewissenhaft und hilfsbereit. Sie sind ausgeglichen und haben Humor.

Wenn sie einen schlechten Tag haben, sind Einsen in Beziehungen kritisch, streitsüchtig, mäkeln an andern herum und zeigen sich unnachgiebig. Sie setzen hohe Erwartungen in andere.

Was Einsen an sich selbst gefällt

- Ihre Disziplin und Fähigkeit, einiges zu erreichen.
- Ihr hoher Einsatz, um die Welt zu verbessern.
- Ihre hohe Moral und Kompromißlosigkeit.
- Ihre Kombinationsfähigkeit und ihre Fähigkeit, zu guten Einigungen beizutragen und vernünftige Lösungen zu finden.
- Ihre Fähigkeit, sich von ihrer besten Seiten zu zeigen und die besten Seiten in anderen zum Vorschein zu bringen.

Was Einsen an sich selbst mißfällt

- Die Enttäuschung über sich oder andere, wenn ihre Erwartungen nicht erfüllt werden.
- Das Gefühl der Überlastung, weil sie zuviel Verantwortung übernehmen.

- Der ständige Gedanke, daß das, was sie tun, nie gut genug ist.
- Für das, was sie für andere tun, nicht geschätzt zu werden.
- Sich immer darüber zu ärgern, daß andere nicht genug tun.
- Sich wegen Dingen, die sie getan haben oder tun sollten, verrückt zu machen.
- Angespannt und ängstlich zu sein und die Dinge zu ernst zu nehmen.

Wie ich mich selbst verrückt mache

Einser-Kinder

- Kritisieren sich oft selbst, bevor andere sie kritisieren können.
- Tun etwas nicht, wenn sie glauben, es nicht perfekt zu können.
- Bemühen sich, die Erwartungen der Eltern und Lehrer zu erfüllen.
- Sind sehr verantwortungsbewußt und übernehmen manchmal eine Elternrolle.
- Unterdrücken negative Gefühle (»ein braves Kind ist nicht wütend«).

Einser-Eltern

- Bringen ihren Kindern Verantwortungsbewußtsein und strenge moralische Werte bei.
- Sind beständig und gerecht.
- Üben strenge Disziplin.

Berufe

Einsen sind tüchtig, systematisch und führen ihre Arbeit immer zu Ende. Die analytisch begabteren und härteren Einsen findet man im Management, in der Wissenschaft, bei der Polizei und im Strafvollzug. Einsen, die sich mehr für Menschen interessieren, gehen ins Gesundheits- und Erziehungswesen oder arbeiten für die Kirche.

Da sie professionell, ehrlich und nach moralischen Grundsätzen arbeiten, tut man gut daran, sich eine Eins zu suchen, wenn man einen Automechaniker, Chirurgen, Zahnarzt, Bankier oder Börsenmakler braucht.

Freizeit

Einsen setzen sich für öffentliche Interessengemeinschaften ein (etwa die Elternvertretung an der Schule, Bürgerinitiativen, Vereine usw.).

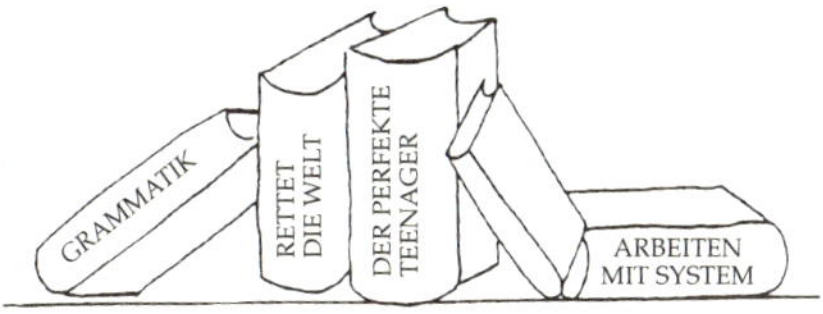

Manche setzen sich über Organisationen wie Greenpeace für den Umweltschutz oder für humanitäre Ziele ein (beispielsweise auf beiden Seiten der Abtreibungsdebatte). Einsen trainieren oft und achten auf gesunde Ernährung, und wenn sie es nicht tun, haben sie ein schlechtes Gewissen. Viele machen es sich zur ständigen Aufgabe, Freunden und Familienmitgliedern zu helfen. Einsen sind gewöhnlich ausgezeichnete Schüler.

Was man über Einsen so sagt

»Meine Mitarbeiterin ist tüchtig und geduldig. Wenn sie etwas nicht fertigmachen kann, nimmt sie es mit nach Hause. Wenn sie je weggehen sollte, muß ich zwei für sie einstellen.«

»Mein Freund hat gekündigt, weil sein Boß etwas von ihm verlangte, was nicht ganz koscher war. Er bleibt seinen Prinzipien treu und würde seine moralischen Grundsätze niemals irgendeiner Sache opfern. Er tut das, was er sagt.«

»Meine Einser-Freundin ist Lehrerin. Sie hat es schwer, weil sie unbedingt jede Silbe in jeder Arbeit lesen und jeden erdenklichen kritischen Kommentar dazuschreiben will. Die Schüler mögen sie trotzdem, weil sie interessant, anregend und gerecht ist.«

»Wenn ich irgend etwas brauche, ist er jederzeit bereit, mir zu helfen. Und er bleibt dran, bis alles fertig ist.«

Die Flügel

Manchmal wird deine Persönlichkeit von den Typen neben dir beeinflußt oder vermischt sich mit ihnen. Ein ausgeprägter Flügel kann eine Persönlichkeit stark verändern.

Einsen mit einem stärker entwickelten Zweier-Flügel sind meistens warmherziger und hilfsbereiter, zugleich aber sind sie auch kritischer und üben mehr Kontrolle aus.

Einsen mit einer stärker entwickelten Neuner-Flügel sind häufig ruhiger, entspannter, objektiver und distanzierter.

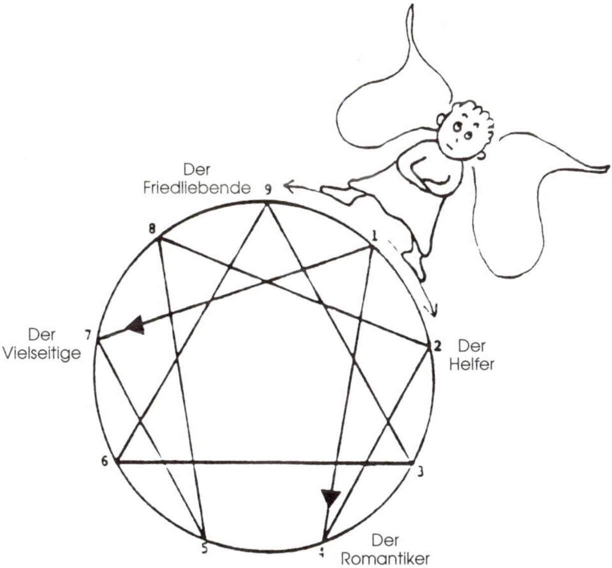

Die Bewegung innerhalb des Enneagramms

Wenn man den Linien in der Abbildung folgt, bewegt sich die Eins in der einen Richtung zur Sieben, in der anderen zur Vier hin. Einsen gehen auf die positive Seite der Sieben zu, wenn sie sich sicher fühlen. Sie können diese positiven Eigenschaften bewußt pflegen. Unter Druck gehen Einsen auf die negative Seite der Vier zu, können aber lernen, diese negativen Züge bewußt zu vermeiden. Lies die Kapitel über die Vier und die Sieben, um mehr darüber zu erfahren.

Wenn Einsen auf die positive Seite der Sieben zugehen

- Läßt ihre Neigung zur Selbstkritik nach, und sie können sich besser akzeptieren.
- Werden sie begeisterungsfähiger und optimistischer.

- Handeln sie natürlicher und spontaner.
- Sehen sie das Glas nicht mehr halb leer, sondern halb voll.
- Nehmen sie sich mehr Dinge vor, die sie nur zu ihrem eigenen Vergnügen tun.

Wenn Einsen auf die negative Seite der Sieben zugehen

- Neigen sie durch Drogenmißbrauch oder andere Exzesse zur Selbstzerstörung.

Wenn Einsen auf die negative Seite der Vier zugehen

- Sind sie ungehalten, weil sie selbst oder andere oder das Leben ganz allgemein ihren Erwartungen nicht entsprechen.
- Kehren sie ihre Wut nach innen und werden depressiv.
- Verlieren sie ihr Selbstvertrauen und/oder glauben, sie würden nicht geliebt und seien auch nicht liebenswert.
- Sehnen sie sich nach dem, was sie nicht haben, ohne jede Hoffnung, es jemals zu bekommen.

Wenn Einsen auf die positive Seite der Vier zugehen

- Kommen sie mit ihren tieferliegenden Gefühlen in Berührung.
- Betätigen sie sich kreativ oder künstlerisch.

Praktische Vorschläge und Übungen für Einsen

1. Für sich selbst sorgen

- Nimm dir täglich Zeit für Freizeitbeschäftigungen, die dir Freude machen, z. B. Gartenarbeit, Filme anschauen, Sport treiben, Wandern, Zusammensein mit Freunden oder Basteln.
- Verwöhne dich regelmäßig – mit Blumen, Theaterkarten, einem Schaumbad oder einem Abendessen in deinem Lieblingsrestaurant.
- Räume dem Humor mehr Platz in deinem Leben ein. Versuche,

dich an Witze zu erinnern, sammle Cartoons, schaue dir Komödien im Fernsehen an.

- Finde heraus, was du willst, und lerne, darum zu bitten (auch wenn es wunderlich erscheinen mag).
- Vermeide das Wort *sollte*. Verändere den Satz und sage: »Ich *will* ...« oder: »Ich *will nicht* ...«. So wird zum Beispiel: »Ich sollte Michael besuchen« zu »Ich will Michael besuchen« oder: »Ich will Michael nicht besuchen.«
- Nimm einen Kurs in Streßabbau, Meditation oder Yoga und übe damit.
- Klopfe dir anerkennend auf die Schulter dafür, daß du dir eine wilde Unordnung in einer Schublade, einem Schrank oder einem Zimmer gestattest.
- Nimm Urlaub, um von der Arbeit und von einem zwanghaften Verhalten wegzukommen.

2. Den Ärger erkennen und nutzen

- Achte einmal darauf, daß du oft sarkastisch oder zynisch reagierst, wenn du dich angegriffen oder verletzt fühlst.
- Lerne, Ärger als ein normales und nützliches menschliches Gefühl zu akzeptieren.
- Frage dich, ob unter dem Ärger etwas liegt, dessen du dir nicht bewußt bist, etwa Trauer oder Enttäuschung.
- Versuche zu begreifen, daß du nicht weniger liebenswert bist, wenn du deinem Ärger Luft machst.

Einsen lächeln – aber darunter brodelt es manchmal gewaltig.

- Wenn es nicht angemessen erscheint, deine Gefühle direkt auszudrücken, dann agiere sie im Sport aus, schreibe sie auf oder sprich mit einem Freund darüber.
- Du wirst noch frustrierter und wütender, wenn du dich und andere unter den Druck unrealistischer Erwartungen setzt.

Suche dir ein sicheres Ventil, um deinen Ärger abzureagieren.

3. Arbeit

- Sieh dir an, was du für eine Arbeit hast: Ist sie die richtige für dich? Befriedigt sie dich?
- Bitte andere, dir zu helfen, damit du nicht mehr als deinen Teil tust. Wenn du befürchtest, sie würden es nicht so gut machen wie du, dann suche eine andere Eins dafür aus!
- Gestatte dir, manche Dinge schnell und nicht ganz so perfekt

zu erledigen, damit du die nächste Arbeit in Angriff nehmen oder rechtzeitig heimgehen kannst.

- Denke an Leistungen, auf die du besonders stolz bist, anstatt dir innerlich vergangene Fehler vorzuhalten.
- Glaube wegen einem Fehler nicht gleich, du seist nichts wert.
- Sei bereit, bei deinen Vollkommenheitsansprüchen einige Abstriche zu machen.

4. Beziehungen

> In den Schlechtesten von uns steckt soviel Gutes und in den Besten von uns soviel Schlechtes, daß man unmöglich sagen kann, wer von uns die andern umerziehen sollte.
> *Spruch in einer amerikanischen Kleinstadt*

- Lerne, dir und anderen Fehler und Mängel zu vergeben.
- Lerne andere zu achten, auch wenn sie die Dinge nicht so machen wie du.
- Gehe großzügig mit Lob und Aufmunterung um.
- Wenn du andere kritisieren oder korrigieren möchtest, dann schweige lieber oder kleide das, was du zu sagen hast, in einen positiven (aber nicht schmeichelhaften!) Rahmen.
- Werde dir dessen bewußt, daß dein Ton manchmal hart ist und andere verstimmen oder einschüchtern kann.
- Denke nicht darüber nach, wie du andere ändern könntest.

Für Eltern

- Laßt eure Kinder selbst entscheiden, damit sie mehr Selbstachtung bekommen.
- Sagt euren Kindern, daß ihr sie nicht nur um dessentwillen liebt, was sie tun, sondern um ihrer selbst willen.

Sieh alles, übersieh vieles und korrigiere wenig.

PAPST JOHANNES XXIII.

Ich habe festgestellt, daß man Kindern am besten raten kann, indem man herausfindet, was sie wollen, und ihnen dann rät, das zu tun.

HARRY TRUMAN

Was Einsen nie im Traum einfallen würde

- Eine halbe Stunde zu spät zur Arbeit zu kommen.
- Nicht innerhalb von zwei Tagen für ein Geburtstagsgeschenk zu danken.
- In Urlaub fahren, ohne für jede Nacht ein Zimmer reserviert zu haben.
- Ihre Kleider eine Woche lang auf einem Haufen liegenzulassen und das Geschirr nicht zu spülen.
- Über Kritik einfach zu lachen.
- Mit aufgestützten Ellbogen zu essen und sich den Mund mit dem Ärmel abzuwischen.
- Ein Schaumbad zu nehmen, bevor die Gäste kommen, anstatt noch einmal mit dem Staubwedel durchs Haus zu eilen.

Engel können fliegen, weil sie sich so leicht nehmen.

Was du dir selbst Positives sagen kannst

- Es ist in Ordnung, sich zu entspannen und die Dinge zu genießen.
- Ich bin o.k., auch wenn ich Fehler mache.
- Ich lerne, mich nicht so ernst zu nehmen.
- So wie ich bin, bin ich vollkommen.
- Ich bitte um das, was ich will und was ich brauche.

Du sollst nicht sollen.

Der Helfer (die Zwei)

> Wir sind alle auf der Welt, um anderen zu helfen; aber wozu die andern auf der Welt sind, weiß ich nicht.
> *W. H. AUDEN*

Zweien haben das Bedürfnis, geliebt und geschätzt zu werden und ihre positiven Gefühle andern gegenüber auszudrücken. Die Gesellschaft hat von jeher die Eigenschaften der Zwei bei Frauen stärker gefördert als bei Männern.

Im besten Fall sind Zweien
liebevoll
fürsorglich
anpassungsfähig
einsichtig
großzügig
begeisterungsfähig
einfühlsam

Im schlimmsten Fall sind Zweien
Opferlämmer
indirekt
manipulierend
besitzergreifend
hysterisch
übermäßig zuvorkommend
überschwenglich (die extravertiertere Zwei)

Persönlichkeitsfragebogen

Kreuze an, was auf dich zutrifft, wenn du noch nicht 25 Jahre alt bist, oder was zutraf, bevor du 25 warst.

☐ 1 Ich will, daß die Leute um mich herum sich wohl fühlen und mich um Rat fragen.

☐ 2 Beziehungen sind mir wichtiger als so ziemlich alles andere.

☐ 3 Manchmal wird es mir zuviel, wie andere von mir abhängig sind.

☐ 4 Es fällt mir schwer, um das zu bitten, was ich brauche.

☐ 5 Ich sehne mich nach Intimität, habe aber manchmal auch Angst davor.

☐ 6 Ich gebe lieber, als zu bekommen.

☐ 7 Ich reagiere empfindlich auf Kritik.

☐ 8 Ich bemühe mich sehr, jedes Hindernis in einer Beziehung zu überwinden.

☐ 9 Ich versuche, so empfindsam und taktvoll wie möglich zu sein.

☐ 10 Wenn ich allein bin, weiß ich, was ich will, aber wenn ich mit andern zusammen bin, bin ich mir nicht mehr so sicher.

☐ 11 Es ist mir sehr wichtig, daß sich andere bei mir zu Hause wohl und willkommen fühlen.

☐ 12 Ich will nicht, daß man sieht, wie abhängig ich bin.

☐ 13 Ich kann es kaum ertragen, Gewalt im Fernsehen oder jemanden leiden zu sehen.

☐ 14 Manchmal fühle ich mich völlig verlassen.

☐ 15 Wenn ich die Nähe nicht bekomme, die ich brauche, bin ich traurig, verletzt und komme mir unwichtig vor.

☐ 16 Manchmal werde ich krank und bin gefühlsmäßig ausgelaugt, weil ich mich zu sehr um alle anderen kümmere.

☐ 17 Ich versuche oft herauszufinden, was jemand an anderen mag, und handle daraufhin dementsprechend.

☐ 18 Ich mache gerne Komplimente und sage es den Leuten, daß sie etwas Besonderes für mich sind.

☐ 19 Ich bin gerne mit wichtigen oder einflußreichen Menschen zusammen.

☐ 20 Man hat mir auch schon gesagt, ich würde zu sehr übertreiben und sei zu emotional.

Wie man gut mit mir auskommt

- Sage mir, daß du mich magst. Drücke es konkret aus.
- Unternimm etwas Vergnügliches mit mir.
- Nimm Anteil an meinen Problemen, auch wenn ich wahrscheinlich versuchen werde, mich auf deine zu konzentrieren.
- Sage mir, daß ich dir wichtig und etwas Besonderes für dich bin.
- Zieh die Samthandschuhe an, wenn du mich kritisieren willst.

In Liebesbeziehungen

- Mach mir Mut, und sage mir immer wieder, daß ich dich interessiere.
- Sage mir oft, daß du mich liebst.
- Sag mir, daß ich gut aussehe und du dich gerne mit mir sehen läßt.

Beziehungen

Zweien in ihrer Höchstform sind in Beziehungen aufmerksam, des Lobes voll, großzügig, warmherzig, verspielt und fürsorglich. Zweien geben ihren Partnern das Gefühl, etwas Besonderes zu sein und geliebt zu werden.

Wenn sie einen schlechten Tag haben, werden Zweien in Beziehungen herrschsüchtig und besitzergreifend oder unsicher und unaufrichtig. Weil es ihnen schwerfällt, geradeheraus um etwas zu bitten, versuchen sie, es durch Manipulation zu bekommen.

Was Zweien an sich selbst gefällt

- Ihre Fähigkeit, leicht Kontakt aufnehmen und Freundschaften schließen zu können.
- Zu merken, was andere brauchen, und in der Lage zu sein, ihnen das Leben zu erleichtern.
- Großzügig, fürsorglich und warmherzig zu sein.
- Die Gefühle anderer feinfühlig wahrnehmen zu können.
- Ihre Begeisterungsfähigkeit, ihr Spaß an der Freude und ihr Sinn für Humor.

Was Zweien an sich selbst mißfällt

- Nicht nein sagen zu können.
- Ihre geringe Selbstachtung.
- Sich ausgelaugt zu fühlen, weil sie zuviel für andere tun.
- Aus Angst, egoistisch zu sein, etwas nicht zu tun, was sie eigentlich tun möchten.
- Sich selbst für nicht liebevoll genug zu halten.
- Sich zu ärgern, weil andere ihnen gegenüber nicht so einfühlsam sind wie sie.
- Ihre ständige Bemühung, taktvoll und rücksichtsvoll zu sein, so daß sie ihre eigenen Gefühle völlig unterdrücken.

Typische Gedanken der Zwei

Zweier-Kinder

- Nehmen die leiseste Mißbilligung oder Kritik wahr.
- Geben sich die größte Mühe, ihre Eltern mit ihrer Hilfsbereitschaft und Einsicht zufriedenzustellen.
- Geben sich fügsam.
- Kommen bei anderen Kindern gut an oder bemühen sich darum.
- Sind scheu oder altklug oder spielen Theater, um die Aufmerksamkeit auf sich zu lenken.
- Sind kleine Clowns oder Witzbolde (die extravertiertere Zwei) oder still und schüchtern (die introvertiertere).

Zweier-Eltern

- Sind gute Zuhörer, lieben ihre Kinder bedingungslos, sind warmherzig und ermutigend (oder fühlen sich schuldig, wenn sie es nicht sind).
- Gehen oft spielerisch mit ihren Kindern um.
- Fragen sich ständig: »Mache ich es auch richtig?«, »Gebe ich ihnen auch genug?«, »Habe ich etwa einen bleibenden Schaden angerichtet?«
- Können ihre Kinder verteidigen wie eine Löwenmutter ihr Junges.

Berufe

Zweien arbeiten gewöhnlich lieber unter Menschen, oft in helfenden Berufen, als Berater, Lehrer oder im Gesundheitswesen. Extravertierte Zweien stehen manchmal als Schauspieler im Rampenlicht oder werden Propagandisten. Zweien arbeiten auch im Verkauf oder helfen anderen im Empfang, als Sekretärinnen, Assistenten, Innenarchitekten oder in der Bekleidungsbranche.

Freizeit

Zweien sind gerne mit ihrer Familie oder Freunden zusammen, kümmern sich um die Kinder, richten sich ihr Zuhause gemütlich und einladend ein, pflegen ihren Garten, lesen, arbeiten für Wohltätigkeitsvereine, sammeln neue Erfahrungen in der Welt und loten ihr Inneres aus.
Viele Zweien verwenden besondere Sorgfalt auf ihr Äußeres.

Was man über Zweien so sagt

»Viele mögen sie sehr, weil sie so großzügig ist. Als ein Freund an Krebs erkrankte, hat sie die Familie unterstützt wie kein anderer und es auch noch geschafft, Energie für ihre Arbeit übrig zu haben.«

»Ich bin gerne mit meinen Zweier-Freunden zusammen. Sie sind fröhlich und verspielt, und dabei haben sie einen ungeheuren

Tiefgang und sind sehr klug. Ich wünschte, ich könnte meine Gefühle so gut ausdrücken wie sie.«
»Er ist ein wunderbarer Vater. Er überschüttet seine Kinder mit Aufmerksamkeit, Großzügigkeit und Liebe.«
»Wenn ich ein Problem habe, rufe ich die Zwei unter meinen Freundinnen an. Sie ist immer verständnisvoll, mitfühlend und urteilt nie voreilig.«

Die Flügel

Manchmal wird deine Persönlichkeit von den Typen neben dir beeinflußt oder vermischt sich mit ihnen. Ein ausgeprägter Flügel kann eine Persönlichkeit stark verändern.

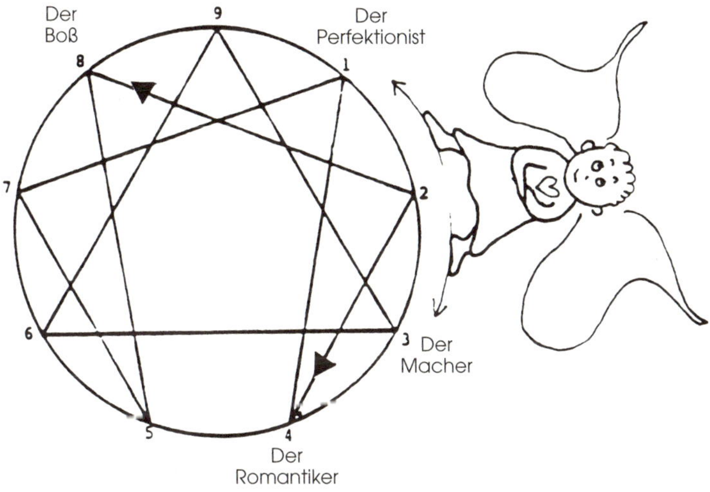

Zweien mit einem starken Einser-Flügel sind oft idealistischer, objektiver, selbstkritischer und urteilen schneller.
Zweien mit einem starken Dreier-Flügel sind selbstsicherer, ehrgeiziger, extravertierter und haben mehr Wettbewerbsgeist.

Die Bewegung innerhalb des Enneagramms

Wenn man den Linien in der Abbildung folgt, bewegen sich Zweien in der einen Richtung auf die Vier und in der anderen auf die Acht zu. Zweien, die sich sicher fühlen, bewegen sich auf die positive Seite der Vier zu, sie können diese positiven Eigenschaften auch bewußt fördern. Unter Druck gehen Zweien auf die negative Seite der Acht zu, aber sie können versuchen, diese negativen Züge bewußt zu vermeiden. Lies die Kapitel über die Vier und die Acht, um mehr über sie zu erfahren.

Wenn Zweien auf die positive Seite der Vier zugehen

- Geben sie ihre schmerzlichen Gefühle, einschließlich Ärger, Traurigkeit und Einsamkeit, zu und akzeptieren sie.
- Drücken sie sich schöpferischer und künstlerischer aus und erforschen ihr Inneres.
- Drücken sie ihre Bedürfnisse eher aus und sagen auch mal nein.
- Finden sie andere Quellen der Selbstbestätigung als Helfen.
- Lernen sie, allein zu sein und werden beschaulicher.

Wenn Zweien auf die negative Seite der Vier zugehen

- Vergleichen sie sich mit anderen, klagen und sind neidisch.
- Grübeln sie noch mehr über sich nach, ziehen sich zurück und werden depressiv.

Wenn Zweien auf die negative Seite der Acht zugehen

- Sind sie nicht mehr freundlich und liebevoll, sondern werden reizbar und aggressiv.
- Werden sie hart und mißtrauisch und vereinsamen.
- Tadeln sie und werden fordernd.
- Werden sie herrschsüchtig und versuchen, sich um jeden und alles zu kümmern.

Wenn Zweien auf die positive Seite der Acht zugehen

- Haben sie mehr Selbstvertrauen und fühlen sich stärker.
- Werden sie ehrlicher und direkter.
- Kümmern sie sich weniger um das, was andere über sie denken.

Praktische Vorschläge und Übungen für Zweien

1. Selbstachtung

- Unternimm etwas, was dir Freude macht, aber bei dem du nicht unbedingt mit anderen zusammensein mußt.
- Treibe Sport, meditiere und geh alleine wandern, um dich auf dich selbst zu besinnen.

- Gib deinem inneren Kind neue Eltern, indem du fürsorglich und liebevoll mit dir umgehst und zu dir redest wie zu einem wirklichen Kind. Bleibe aber dabei in der Elternrolle.
- Schenke dir selbst etwas von der Aufmerksamkeit und Verwöhnung, die du sonst andern angedeihen läßt.

- Gehe regelmäßig in eine Beratung und lerne, über deine Probleme zu sprechen.
- Nimm die Liebe wahr, die jetzt in deinem Leben *ist*, anstatt dich auf das zu konzentrieren, was dir fehlt.

2. Selbstbehauptung

- Setze Grenzen. Sage: »Nein, jetzt habe ich keine Zeit zum Reden« oder: »Nein, ich kann nicht mithelfen«, wenn du merkst, daß die Bitte oder Forderung anderer dich zu sehr unter Druck setzt.
- Nimm Kontakt zu deinen ärgerlichen Gefühlen auf. Manchmal sind Zweien völlig von ihren Gefühlen überwältigt und weinen dann einfach, statt sich direkt mit dem auseinanderzusetzen, was sie wütend gemacht hat.

- Schreibe täglich auf, was dich ärgert, um dir dessen bewußt zu werden.
- Wenn du das Gefühl hast, ungerecht behandelt oder übervorteilt zu werden, dann sprich es sofort und so angemessen wie möglich aus.

3. Beziehungen

- Versuche, du selbst zu sein und nicht jemand, den andere in dir sehen wollen.
- Biete nicht automatisch Hilfe und Rat an; warte, bis man dich darum bittet.
- Freue dich, Kleinigkeiten zu schenken. Höre auf, zuviel zu geben, und freue dich über alles, was du bekommst.

Sag ehrlich, was du möchtest.

Für Eltern

- Helft euren Kindern, unabhängig zu werden.
- Hört auf, euch übermäßig um eure erwachsenen Kinder zu sorgen. Pflegt eigene Interessen, damit ihr euch leichter von ihnen lösen könnt.
- Hütet euch vor der Versuchung, euren Kindern Schuldgefühle einzuflößen.

4. Abhängigkeiten

- Geh neue Beziehungen langsam ein. Informiere dich. Bleibe objektiv.
- Vermeide Beziehungen mit unsicheren oder unfreien Menschen. Akzeptiere nur ausgewogene Freundschaften und Partnerschaften.

- Sei kein Menschenretter. Laß andere die Verantwortung für ihr Verhalten selber übernehmen.
- Sei dir dessen bewußt, daß dein Verlangen nach Sex möglicherweise dein Bedürfnis nach Aufmerksamkeit und Anerkennung überdeckt.
- Widerstehe dem Drang, dich in eine neue Beziehung zu stürzen, wenn die vergangene eben erst zu Ende ist. Nimm dir Zeit, herauszufinden, warum die Beziehung zu Bruch ging, lerne dich selber kennen, und interessiere dich für anderes.

5. Arbeit

- Setze Grenzen, damit du nicht mehr als deinen gerechten Teil der Arbeit übernimmst.
- Werde bestimmter und objektiver.
- Suche dir eine Arbeit, die deiner Persönlichkeit, deinen Interessen und deiner Ausbildung entspricht.

Was Zweien nie im Traum einfallen würde

- Jemanden einen Monat lang nicht anzulächeln.
- Alle Komplimente einfach mit einem »Danke« anzunehmen, statt sie zu widerlegen, abzutun oder zu erklären, warum sie sie nicht verdient haben.

Die schlimmste Arbeit für eine Zwei.

- Ein süßes Kätzchen, das sie am Wegrand gefunden haben, nicht heimnehmen zu wollen.
- Freunden ihre Dienste nicht zehnfach zurückzahlen zu wollen.
- Sich keine Gedanken über die Brüskierung eines Mitarbeiters zu machen.
- Freunden ohne wirkliche oder erdachte Entschuldigung zu sagen, sie könnten sie nicht zum Flughafen fahren.
- Einfach »Auf Wiedersehen« zu sagen, ohne: »Viel Glück!«, »Bleib gesund!« oder »Viel Spaß!« hinzuzufügen.

Tu so, als ob du nicht wüßtest, was das Beste für alle ist.

Was du dir selbst Positives sagen kannst

- Ich bin genauso wichtig wie alle andern.
- Für mich ist es genauso wichtig, Liebe und Hilfe zu bekommen, wie sie zu geben.
- Ich will laut und deutlich sagen, was ich will.
- Ich brauche nichts zu geben, um geliebt zu werden.
- Es ist mir wichtig, Zeit für mich selbst zu haben.

Der Macher (die Drei)

Die Arbeit macht mehr
Spaß als das Vergnügen.
NOËL COWARD

Dreien haben das Bedürfnis, produktiv und erfolgreich zu sein und Mißerfolge zu vermeiden.

Im besten Fall sind Dreien
optimistisch
zuversichtlich
arbeitsam
tüchtig
antriebsstark
energisch
praktisch

Im schlimmsten Fall sind Dreien
hinterlistig
eigensüchtig
großspurig
eitel
oberflächlich
rachsüchtig
aggressiv

Persönlichkeitsfragebogen

Kreuze an, was auf dich zutrifft, wenn du noch nicht 25 Jahre alt bist, oder was zutraf, bevor du 25 warst.

- ☐ 1 Ich habe fast immer viel zu tun.
- ☐ 2 Ich stelle gerne Aufgabenlisten, Arbeitsdiagramme und Zeitpläne auf.
- ☐ 3 Es macht mir nichts aus, Überstunden zu machen.
- ☐ 4 Ich bin optimistisch.
- ☐ 5 Ich setze mich voll ein, bis die Arbeit getan ist.
- ☐ 6 Ich schätze es, die Dinge so zügig wie möglich durchzuziehen.
- ☐ 7 Es ist wichtig, daß die Leute sich verbessern und ihr Potential voll ausschöpfen.
- ☐ 8 Ich habe kein Interesse daran, über mich persönlich zu reden.
- ☐ 9 Ich lasse mich durch Krankheiten möglichst nicht von dem abhalten, was ich mir vorgenommen habe.
- ☐ 10 Ich hasse es, wenn Arbeit liegenbleibt.
- ☐ 11 Bei mir geht die Arbeit meistens vor.
- ☐ 12 Ich verstehe Leute nicht, die sich langweilen. Ich bin immer beschäftigt.
- ☐ 13 Manchmal weiß ich kaum, was ich fühle.
- ☐ 14 Ich arbeite viel, damit für meine Familie gesorgt ist.
- ☐ 15 Ich identifiziere mich gerne mit kompetenten oder wichtigen Leuten.
- ☐ 16 Ich gebe mich gerne schneidig und bin darauf bedacht, einen guten ersten Eindruck zu machen.
- ☐ 17 Finanzielle Sicherheit ist mir außerordentlich wichtig.
- ☐ 18 Gewöhnlich bin ich ganz zufrieden mit mir.

☐ 19 Oft wenden sich andere an mich, damit ich die Fäden in die Hand nehme.

☐ 20 Ich steche gerne irgendwie heraus.

Wie man gut mit mir auskommt

- Laß mich in Ruhe, wenn ich arbeite.
- Gib mir ein ehrliches, aber nicht zu kritisches oder hartes Feedback.
- Hilf mir, Harmonie und Frieden in meiner Umgebung zu wahren.
- Belaste mich nicht mit negativen Gefühlen.
- Sage mir, daß du gern in meiner Nähe bist.
- Sage es mir, wenn du auf mich oder meine Leistungen stolz bist.

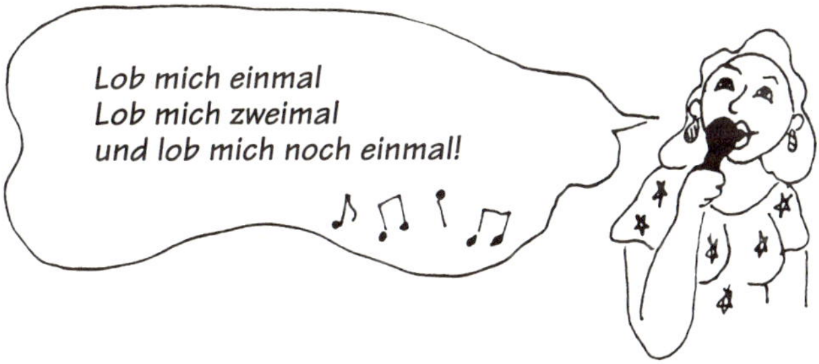

Beziehungen

In ihrer Höchstform schätzen und akzeptieren Dreien in einer Beziehung ihre Partner. Sie sind verspielt, geben gerne, sind verantwortungsbewußt und haben in ihrer Umgebung einen guten Ruf.

Wenn Dreien in Beziehungen ihre schlechteste Seite zeigen, konzentrieren sie sich auf ihre Arbeit und Vorhaben. Sie sind völlig mit sich beschäftigt und nehmen eine Abwehrhaltung ein, oder sie werden ungeduldig, unaufrichtig und herrschsüchtig.

Was Dreien an sich selbst gefällt

- Optimistisch, freundlich und gutgelaunt zu sein.
- Gut für die Familie zu sorgen.
- Die Fähigkeit, sich schnell von Mißerfolgen zu erholen und sich gleich der nächsten Herausforderung stellen zu können.
- Auf dem laufenden zu sein und zu wissen, was sich tut.
- Ihre Kompetenz und Fähigkeit, die Dinge gut in Gang zu bringen.
- Ihre Motivationsfähigkeit.

Was Dreien an sich selbst mißfällt

- Die Probleme, die sie sich aus der Unfähigkeit und Inkompetenz anderer machen.
- Die Angst, nicht erfolgreich zu sein – oder so beurteilt zu werden.
- Sich mit Leuten zu vergleichen, die es besser machen.
- Ihr ununterbrochenes Streben nach Erfolg.
- Eine Maske aufsetzen zu müssen, um andere zu beeindrucken.

Manche Leute können mich einfach nicht verstehen.

Typische Überlegungen der Drei

Dreier-Kinder

- Setzen sich oft sehr ein, um für ihre Leistungen gelobt zu werden.
- Andere Kinder und die Erwachsenen mögen sie gern.
- Gehören zu den fähigsten und verantwortungsvollsten Kindern ihrer Klasse oder Schule.
- Machen in Schulgremien, Klubs und Gruppen mit oder arbeiten für sich an eigenen Vorhaben.

Dreier-Eltern

- Sind beständig, verläßlich und loyal.
- Sind zwischen dem Wunsch, mehr Zeit mit ihren Kindern zu verbringen, und dem Wunsch, mehr Arbeit geschafft zu bekommen, hin und her gerissen.
- Erwarten, daß ihre Kinder verantwortungsbewußt und ordentlich sind.

Berufe

Dreien arbeiten hart, sind zielbewußt, gut organisiert und entschlußfreudig. Sie sind häufig im Management anzutreffen oder haben Führungspositionen im Gewerbe oder Rechtswesen, in Banken, der Computerbranche oder in der Politik inne. Häufig

treten sie als Rundfunk- und Fernsehmoderatoren oder als Schauspieler auf. Dreien, die helfende Berufe ergreifen, werden meistens Lehrer, Sozialarbeiter oder gehen ins Gesundheitswesen. Im Haushalt übernehmen sie ihre Verantwortung mit einer unglaublichen Energie.

Freizeit (wenn überhaupt)

Viele Dreien mögen Gesellschaft oder arbeiten freiwillig in Wohltätigkeitsvereinen oder bei politischen Kampagnen mit. Andere widmen sich in ihrer Freizeit lieber ihren Hobbys oder arbeiten an eigenen Projekten. Dreien treiben gerne Sport und halten sich fit.

Was man über Dreien so sagt

»Sie schreibt die klarsten, knappsten Berichte der ganzen Firma und spornt uns alle mit ihrem Arbeitsverhalten, ihrer Begeisterung und ihrem sonnigen Gemüt an.«
»Er ist charmant und hat die Gabe, jedem das Gefühl zu vermitteln, er sei jemand Besonderer und wichtig.«
»Mein Freund ist selbstbewußt und zuversichtlich, hat viel Schwung und schafft in einem Tag mehr als viele in einer Woche.«
»Sie ist der konzentrierteste und zielgerichtetste Mensch, den ich kenne. Sie hat in unserem Stadtteil unglaublich viele Verbesserungen zustande gebracht, und ich hoffe sehr, daß sie für den Stadtrat kandidiert.«

Die Flügel

Manchmal wird deine Persönlichkeit von den Typen neben dir beeinflußt oder vermischt sich mit ihnen. Ein ausgeprägter Flügel kann eine Persönlichkeit stark verändern.
Dreien mit einem ausgeprägten Zweier-Flügel sind meistens warmherziger, ermutigender, geselliger, beliebter und verführerischer.
Dreien mit einem stark entwickelten Vierer-Flügel sind häufig

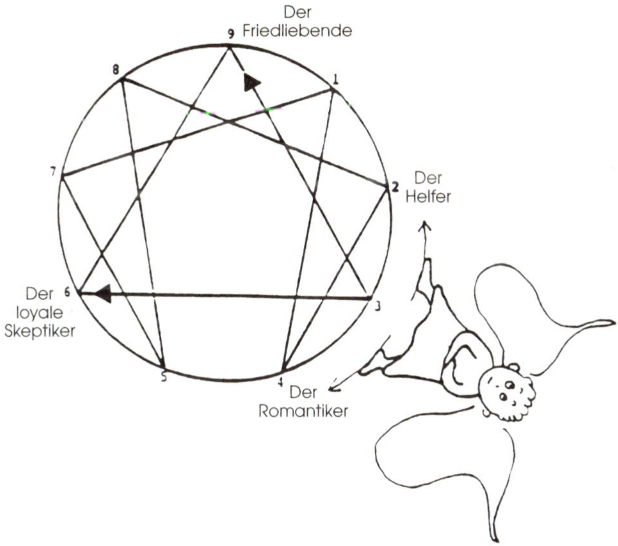

mehr nach innen gekehrt, empfindsamer, künstlerischer veranlagt, einfallsreicher und geben auch mehr an.

Die Bewegung innerhalb des Enneagramms

Wenn man im Enneagramm den Linien folgt, bewegt sich die Drei in der einen Richtung auf die Sechs, in der anderen Richtung auf die Neun zu. Dreien gehen auf die positive Seite der Sechs zu, wenn sie sich sicher fühlen, und sie können diese positiven Eigenschaften bewußt fördern. Unter Druck gehen Dreien auf die negative Seite der Neun zu, können aber versuchen, diese negativen Züge bewußt zu vermeiden. Lies die Kapitel über die Sechs und die Neun nach, um mehr darüber zu erfahren.

Wenn Dreien auf die positive Seite der Sechs zugehen

- Verbringen sie mehr Zeit mit Familie und Freunden und fühlen sich ihnen mehr verpflichtet.

- Legen sie Wert auf das, was jeweils für alle das Beste ist.
- Haben sie einen besseren Kontakt zu ihren Gefühlen.
- Werden sie verletzlicher.

Wenn Dreien auf die negative Seite der Sechs zugehen
- Werden sie abhängiger und fürchten Zurückweisung.
- Werden sie ängstlicher und nervöser.
- Fällt es ihnen schwerer, Entscheidungen zu treffen.

Wenn Dreien auf die negative Seite der Neun zugehen
- Schieben sie die Dinge auf und werden unentschlossen.
- Verfallen sie in Untätigkeit.
- Vernachlässigen sie sich und flüchten sich in noch mehr Arbeit, Drogen, Essen, Alkohol oder zuviel Schlaf.
- Arbeiten sie hektisch oder ineffizient.
- Bestrafen sie Leute, von denen sie gezwungen werden, sich ihre Schwächen anzuschauen, auf passiv-aggressive Weise.

Wenn Dreien auf die positive Seite der Neun zugehen
- Werden sie langsamer, entspannter und friedlicher.
- Werden sie empfindsamer.
- Fangen sie an, das Leben aus einer breiteren Perspektive zu betrachten.

Praktische Vorschläge und Übungen für Dreien

1. Entspannen und für dich selbst sorgen

Die härteste Arbeit ist der Müßiggang
Jüdisches Sprichwort

- Da zuviel Arbeit zu Streß und körperlichen oder seelischen Problemen führen kann, solltest du täglich Zeiten einplanen, in denen du dich ausruhst; meditiere oder wende streßabbauen-

de Methoden an; vergiß auch nicht Massagen, Dampfbäder oder die Sauna.
- Nimm dir Zeit für manches, was du außer deiner Arbeit auch noch gerne tust.
- Setze dich weniger unter Druck, indem du mit deinen jetzigen Erfolgen zufrieden bist.
- Versuche, deine wirklichen Wünsche und Vorlieben besser kennenzulernen.
- Nimm Urlaub und laß die Arbeit zu Hause.

Nimm dir mehr Zeit für die Blumen!

2. Arbeit

- Werde dir darüber klar, daß andere wahrscheinlich nicht so tüchtig sind wie du. Viele haben nicht soviel Energie und Konzentrationsfähigkeit wie du.
- Hüte dich vor den negativen Folgen, die ein Vorpreschen im Alleingang auf andere haben kann. Warte auf sie und sieh zu, daß du unterdessen etwas anderes zu tun hast.
- Nimm dir ausdrücklich vor, die Leistungen anderer zu würdigen und sie dafür zu loben.
- Hüte dich davor, Entscheidungen übers Knie zu brechen. Nimm dir Zeit, alle Seiten zu überdenken, und vergiß dabei den Faktor Mensch nicht.

- Suche dir eine Arbeit, die dich innerlich befriedigt. Dreien wählen manchmal Berufe, die ihren inneren Bedürfnissen nicht gerecht werden.

3. Beziehungen

- Vergiß beim Aufstellen deines Wochenplans die Zeit zum Zusammensein mit Freunden und der Familie nicht!
- Wenn jemand, den du magst, mit Problemen zu dir kommt, dann höre zu, ohne einen Rat zu geben, es sei denn, er bittet dich darum. Vielleicht braucht er nur ein mitfühlendes Ohr.
- Denke daran, deinem Partner zu sagen, daß du ihn schätzt. Manche Dreien halten sich für den Wichtigeren der beiden, weil sie soviel leisten.
- Melde dich irgendwo als Freiwilliger und gib deinen Einsatz einfach, um zu geben.

- Suche nach dem Körnchen Wahrheit, wenn andere dich kritisieren.
- Versuche, zu dir zu stehen, so, wie du wirklich bist. Dreien versuchen manchmal, Menschen für sich zu gewinnen, indem sie sich wie eine Fahne nach dem Wind drehen; aber das rächt sich, wenn sich die Beziehung vertieft.
- Achte auf eigene unerwünschte Züge, etwa: »Ich höre meiner Partnerin nicht zu, wenn sie sich aussprechen möchte, aber ich erwarte, daß sie mir ihre ganze Aufmerksamkeit schenkt, wenn ich rede.«

Für Eltern

- Seid euch eurer hohen Erwartungen bewußt. Zuviel Druck kann psychische Probleme bei den Kindern auslösen.

4. Gefühle

- Werde dir des Unterschieds zwischen deinen tatsächlichen Empfindungen und denjenigen Gefühlen bewußt, die du vorspielst, weil sie gerade angemessen erscheinen.

- Nimm wahr, wie du dich reflexartig in die Arbeit stürzt, wenn dein Angstpegel steigt.
- Gestatte dir, verletzlich zu sein, und drücke deine Verletztheit und Enttäuschung aus.

Was Dreien nie im Traum einfallen würde

- Eine ganze Woche lang keine Liste der Dinge aufzustellen, die es zu erledigen gilt.
- Beim Klassentreffen keinen Ton über ihre Leistungen und Erfolge verlauten zu lassen.
- Es sich zu verkneifen, verführerisch mit den Augen zu zwinkern, wenn sie jemanden attraktiv finden.
- Bei einem Arbeitstreffen, das unergiebig oder ineffizient verläuft, nicht die Zügel in die Hand zu nehmen.
- Sehen, was getan werden muß, und sich keine Notiz dazu zu machen.
- Eine Woche lang einfach in einem stillen Meditationszentrum mit Sitzen zu verbringen.

Die Hölle der Drei

Was du dir selbst Positives sagen kannst

- Meine Gefühle sind mindestens so wichtig wie meine Leistungen.
- Die ergiebigste Arbeit für mich besteht darin, mir Zeit zum Entspannen und für mein inneres Wachstum zu nehmen.
- Ich schätze meinen Wert nach meinen eigenen Maßstäben ein.

Ich werde für das geliebt, was ich bin – und nicht für das, was ich tue.

Der Romantiker (die Vier)

Alles in der Welt läßt sich ertragen, nur nicht eine Reihe von schönen Tagen

GOETHE

Vieren wollen fühlen, verstanden werden, nach dem Sinn des Lebens suchen und vermeiden es, gewöhnlich zu erscheinen.

Im besten Fall sind Vieren

warmherzig
mitfühlend
verinnerlicht
ausdrucksvoll
schöpferisch
intuitiv
hilfsbereit
differenziert

Im schlimmsten Fall sind Vieren

deprimiert
unsicher
schuldbeladen
Moralprediger
in sich gekehrt
stur
launenhaft
nur mit sich selbst beschäftigt

Persönlichkeitsfragebogen

Kreuze an, was auf dich zutrifft, wenn du noch nicht 25 Jahre alt bist, oder was zutraf, bevor du 25 warst.

☐ 1 Verstanden zu werden ist mir sehr wichtig.

☐ 2 Meine Freunde sagen, daß ihnen meine Warmherzigkeit und meine andere Sicht der Welt gefällt.

☐ 3 Wenn ich deprimiert bin, ist manchmal stunden-, tage- oder gar wochenlang nichts mehr mit mir anzufangen.

☐ 4 Ich reagiere sehr empfindlich auf kritische Bemerkungen und bin bei der kleinsten Geringschätzung verletzt.

☐ 5 Wenn ich etwas Schreckliches in der Zeitung lese, bin ich ganz aufgewühlt.

☐ 6 Meine Ideale sind mir sehr wichtig.

☐ 7 Ich breche leicht in Tränen aus. Schönheit, Liebe, Kummer und Schmerz berühren mich zutiefst.

☐ 8 Meine melancholischen Phasen sind ganz real und wichtig, und ich will gar nicht unbedingt daraus herauskommen.

☐ 9 Ich sehne mich oft nach dem, was andere haben.

☐ 10 Ich versuche, meinen Freunden zu helfen, besonders wenn sie in einer Krise sind.

☐ 11 Ich lebe mehr in der Vergangenheit und der Zukunft als in der Realität der Gegenwart.

☐ 12 Ich verlasse mich sehr auf meine Intuition.

☐ 13 Manchmal versuche ich, Kontrolle über andere auszuüben.

☐ 14 Ich hasse Unaufrichtigkeit und mangelnde Integrität bei anderen.

☐ 15 Ich habe mich jahrelang nach der großen Liebe gesehnt.

☐ 16 Ich konzentriere mich eher auf Dinge, die bei mir nicht stimmen, als auf diejenigen, die in Ordnung sind.

☐ 17 Ich möchte gerne als einmalig gesehen werden.
☐ 18 Ich bin ständig auf der Suche nach meinem wahren Selbst.
☐ 19 Manchmal fühle ich mich sehr unbehaglich und anders als die andern, wie ein Außenseiter, sogar wenn ich mit Freunden zusammen bin.
☐ 20 Wenn man mir sagt, was ich tun soll, lehne ich mich oft auf und tue das Gegenteil oder wünsche mir, ich könnte es tun.

Wie man gut mit mir auskommt

- Mache mir oft ein Kompliment. Das ist mir sehr wichtig.
- Unterstütze mich freund- oder partnerschaftlich. Hilf mir, mich selbst zu lieben und zu schätzen.
- Achte mich um meiner besonderen Intuition und visionären Gabe willen.
- Wenn ich melancholisch bin, will ich nicht ständig aufgeheitert werden, aber manchmal kann ich doch etwas Aufmunterung brauchen.
- Sag mir nicht, ich sei zu empfindlich oder würde überreagieren.

Beziehungen

Vieren in ihrer Höchstform sind in Beziehungen sanft, verspielt, leidenschaftlich und witzig. Sie zeigen sich ganz offen und gehen leicht Bindungen ein.

Vieren in ihrer Tiefstform sind in Beziehungen sehr mit Nabelschau beschäftigt, eifersüchtig, gefühlsmäßig unsicher, launenhaft, selbstgerecht und übermäßig kritisch. Sie sind schnell verletzt und fühlen sich sofort zurückgewiesen.

Was Vieren an sich selbst gefällt

- Ihre Fähigkeit, einen Sinn im Leben zu sehen, und ihre Gefühlstiefe.
- Ihre Fähigkeit, herzliche Beziehungen zu knüpfen.
- Die Bewunderung für das Edle, Wahre und Schöne im Leben.
- Die Kreativität, Intuition und der Sinn für Humor.
- Das Einmaligsein und von anderen auch so gesehen zu werden.
- Ihr ästhetisches Gefühl.
- Die Fähigkeit, die Gefühle der Leute um sich herum sofort zu spüren.

Für Freunde dasein

Was Vieren an sich selbst mißfällt

- Die trüben Zeiten der Leere und Verzweiflung.
- Die Gefühle des Selbsthasses und der Scham; die Annahme, es nicht zu verdienen, geliebt zu werden.
- Sich schuldig zu fühlen, wenn sie andere enttäuschen.
- Sich verletzt oder angegriffen zu fühlen, wenn sie mißverstanden werden.
- Zuviel von sich und vom Leben zu erwarten.
- Die Angst vor dem Verlassenwerden.
- Nachtragend zu sein.
- Die Sehnsucht nach dem, was sie nicht haben.

Typische Gedanken der Vier

Vierer-Kinder

- Haben eine blühende Phantasie, können sehr kreativ alleine spielen oder erfinden originelle Spiele für ihre Spielkameraden.
- Sind sehr empfindsam.

- Haben das Gefühl, daß sie nicht dazugehören.
- Glauben, daß ihnen etwas fehlt, was andere haben.
- Hängen sehr an Lehrern, Helden, Künstlern und anderen Leitfiguren, die sie vergöttern.
- Lehnen sich gegen Autoritätsfiguren auf oder rebellieren, wenn man sie kritisiert oder nicht versteht.
- Fühlen sich allein oder verlassen (manchmal infolge eines Todesfalls oder Scheidung der Eltern).

Vierer-Eltern

- Helfen ihren Kindern, das zu werden, was sie eigentlich sind.
- Unterstützen die Kreativität und Originalität ihrer Kinder.
- Können ihnen gut beibringen, Kontakt zu ihren Gefühlen zu bekommen.
- Sind manchmal überkritisch oder packen die Kinder in Watte.
- Können gewöhnlich gut mit Kindern umgehen, wenn sie nicht allzusehr mit sich selbst beschäftigt sind.

Berufe

Vieren können durch künstlerische Betätigung – in der Musik, den bildenden Künsten, als Tänzer – oder durch das geschriebene und gesprochene Wort – Literatur, Journalismus und Unterricht – anspornen, beeinflussen und überzeugen. Viele holen als Psychologen oder Berater das Beste aus anderen heraus. Manche sind stolze Besitzer einer eigenen kleinen Firma. Oft haben Vieren eine ganz gewöhnliche Arbeit, um sich anderweitig schöpferisch betätigen zu können.

Freizeit

Vieren sind gerne mit ihren Partnern und Kindern zusammen und pflegen enge Freundschaften, an denen ihnen viel liegt. Sie lieben die Natur, gehen geistigen und spirituellen Interessen nach und nehmen an musikalischen, anderen künstlerischen und literarischen Anlässen teil. Viele stöbern gerne in Buchhandlungen, kaufen in Boutiquen ein, haben ein Auge für interessante Kleidung und einmalige Gelegenheiten. Vieren sind oft kreativ. Manche setzen sich gegen Gewalttätigkeit oder für politische Ziele ein.

Was man über Vieren so sagt

»Er ist sehr tiefsinnig. Ich schätze ihn als meinen witzigsten, einsichtigsten und intellektuell anregendsten Freund.«
»Die Vieren, die ich kenne, haben eine interessante Mischung von Intensität, Tiefe, Geist und einer rebellischen Ader.«
»Dank seiner Ausdauer, Entschlossenheit und Originalität ist sein Geschäft ein voller Erfolg.«
»Sie führt eine eigene, fortschrittliche Tagesstätte und setzt sich voll und ganz dafür ein, den Kindern eine gesunde und schöpferische Umgebung zu bieten.«

»Sie ist wirklich ein Original. Man trifft sie gewöhnlich beim Ausprobieren eines neuen Rezepts, beim Rosenwässern in der Badewanne oder inmitten einer irren Party.«

Man sollte entweder ein Kunstwerk sein oder ein Kunstwerk tragen.
OSCAR WILDE

Die Flügel

Manchmal wird deine Persönlichkeit von den Typen neben dir beeinflußt oder vermischt sich mit ihnen. Ein ausgeprägter Flügel kann eine Persönlichkeit stark verändern.

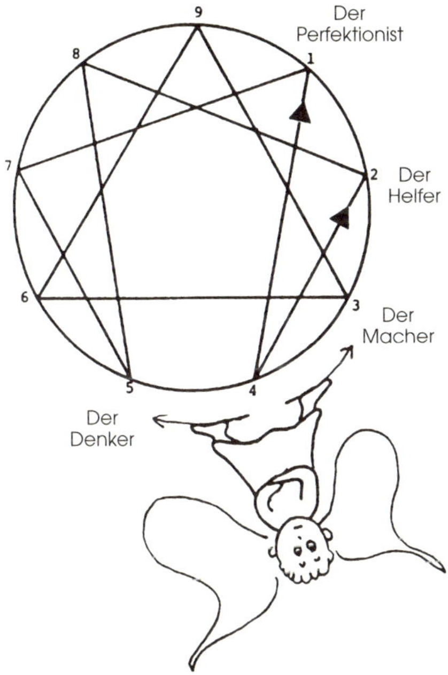

Vieren mit einem starken Dreier-Flügel sind meist extravertierter, unterhaltsamer, ehrgeiziger, extravaganter und imagebewußter. Vieren mit einem ausgeprägten Fünfer-Flügel sind meistens in sich gekehrter, intellektueller veranlagt, eigentümlicher, zurückhaltender und depressiver.

Die Bewegung innerhalb des Enneagramms

Wenn man den Linien im Enneagramm folgt, geht die Vier in der einen Richtung auf die Eins, in der anderen auf die Zwei zu. Vieren gehen auf die positive Seite der Eins zu, wenn sie sich sicher fühlen, und sie können diese positiven Eigenschaften auch bewußt fördern. Unter Druck gehen Vieren auf die negative Seite der Zwei zu, können aber bewußt daran arbeiten, diese negativen Züge zu vermeiden. Lies die Kapitel über die Eins und die Zwei, um mehr über sie zu erfahren.

Wenn Vieren auf die positive Seite der Eins zugehen

- Werden sie disziplinierter und leben vermehrt im Hier und Jetzt.
- Tragen sie mehr zu Problemlösungen bei und werden praktischer.
- Gehen sie dazu über, eher das Positive als das Negative zu betonen.
- Handeln sie nach ihren Idealen und Prinzipien.
- Lassen sie sich weniger von ihren Gefühlen leiten.

Wenn Vieren auf die negative Seite der Eins zugehen

- Sind sie sehr kritisch und ärgern sich, weil niemand irgend etwas richtig macht.
- Halten sie Moralpredigten.
- Fühlen sie sich schuldig, weil sie ihre eigenen Erwartungen nicht erfüllen.

Wenn Vieren auf die negative Seite der Zwei zugehen

- Versuchen sie, andere dazu zu bewegen, sie zu lieben, weil sie irrtümlich glauben, die Liebe eines anderen würde ihre eigene Leere und Einsamkeit aufheben.
- Verleugnen und verdrängen sie ihre eigenen Bedürfnisse.
- Werden sie übertrieben abhängig.
- Werden sie unter Umständen krank, um die Aufmerksamkeit auf sich zu ziehen oder sich hervorzutun.

Wenn Vieren auf die positive Seite der Zwei zugehen

- Bekommen ihre Beziehungen Tiefe.
- Beschäftigen sie sich weniger mit sich selbst.
- Kommen sie den Bedürfnissen anderer mit einer gesunden Selbstachtung entgegen.

Praktische Vorschläge und Übungen für die Vier

1. Selbstachtung

- Sei stolz auf deine besonderen Gaben, Talente und Leistungen.
- Arbeite darauf hin, die Bedürfnisse zu erfüllen, die in deiner Kindheit nicht gestillt wurden. Gehe liebevoll mit dir selbst um.

Stell die Verbindung zu Menschen her, die viel mit dir gemeinsam haben.

- Befasse dich mit der Selbstdisziplin.
- Genieße die Gegenwart.
- Gehe schöpferisch oder spielerisch mit den Pflichten und Verantwortungen des Alltags um.
- Widme dich einer kreativen Betätigung, die das Beste aus dir herausholt. Versuche, damit auch finanziell unabhängig zu werden.
- Wenn du deine Kreativität nicht im Beruf umsetzen kannst, dann gestatte dir auf jeden Fall in deiner Freizeit die nötige Muße, um deine Ideen reifen zu lassen.
- Nimm wahr, welche Eigenschaften du bei anderen bewunderst oder beneidest, und fördere sie in dir selbst.

2. Beziehungen

- Sei offen und sage ganz konkret, was du willst und was nicht.
- Paß auf, daß du die Aussagen anderer nicht völlig überbewertest. Wenn du beleidigt bist, frage nach, was wirklich gemeint war.

Freue dich mit deinen Freunden an ihrem Glück.

- Schaffe dir einen festen Freundeskreis, und verlaß dich nicht nur auf einen Menschen, der dann deine sämtlichen gefühlsmäßigen Bedürfnisse stillen soll.

Warte nicht auf die Kirschen aus Nachbars Garten.

- Befasse dich lieber gleich mit Beziehungsproblemen, anstatt dich einfach zurückzuziehen. Versuche, objektiv zu sein und andere nicht mit deinen Gefühlen zu überfluten.

3. Gefühle

- Schreibe deine Gefühle so unverblümt wie möglich in einem Brief nieder, den du *nicht abschickst.*
- Wenn du einer gefühlsmäßigen Reaktion kaum Herr wirst, dann:
  a) werde Beobachter,
  b) beobachte dich selbst dabei, wie du den Gefühlspegel langsam absinken läßt, und
  c) bleibe ruhig und laß es weh tun. Vergiß nicht, es *geht* vorbei.
  Wenn du das tust, wirst du dich nicht mehr ausschließlich von deinen Gefühlen beherrschen lassen.

Setze deine Gefühle kreativ um.

- Vieren übertreiben ihre Gefühle oft unverhältnismäßig. Versuche herauszufinden, ob dich die Intensität des Gefühls nicht mehr reizt als das Gefühl selbst.

4. Depressionen vermeiden

- Setze dich mit Leuten, die dich ärgern, auseinander, damit sich dein Ärger nicht nach innen wendet.
- Nimm gute Schlaf-, Sport-, Eß- und Arbeitsgewohnheiten an.
- Gestatte dir, über größere Verluste zu trauern. Nimm, wenn nötig, therapeutische Hilfe in Anspruch.
- Geh außer Haus. Bleibe in Bewegung.
- Bemühe dich um Beziehungen. Pflege deine Kontakte zu Verwandten und Freunden.
- Versuche, deine Depression schöpferisch umzusetzen: in Gedichten, in der Musik, durch Tanzen oder in einer sonstigen kreativen Form.
- Konzentriere dich auf die Sonnenseiten deines Lebens.
- Stelle eine Liste der Dinge auf, für die du dankbar bist.
- Schreibe sie in ganz großer Schrift, und hänge sie an die Wand.

Was Vieren nie im Traum einfallen würde

- Ein Puzzle zusammenzusetzen und es als Bild über das Sofa zu hängen.
- In einem Anzug aus reiner Synthetik in ein gutes Restaurant zu gehen und dort ein Würstchen mit Pommes zu bestellen.
- Einen ganzen Monat lang nur an schöne Ereignisse in ihrem Leben zu denken.
- Lila, Champagner und Indigoblau für alberne Farben zu halten und statt dessen ihr Haus knallpink und leuchtendgelb auszustatten.
- Zu beschließen, daß die Erforschung der Innenwelt zu banal ist, und damit aufzuhören.
- Völlig emotionslos alte Fotos ehemaliger Schwärme wegzuwerfen.

Was du dir selbst Positives sagen kannst

- Jeder Tag ist mir wertvoll, wie unvollkommen er auch sein mag.
- Ich will mich entspannen und den Augenblick genießen.
- Ich bin in meinem Körper, in der Welt und im Universum zu Hause. Im Grunde ist mein Leben in Ordnung.
- Ich bin schön, kann etwas und bin liebenswert, genauso wie ich bin. Es gibt nichts, wofür ich mich schämen müßte.
- Ich kann genauso gut zu mir sein wie zu meinen besten Freunden.

Ich will meine Ideale in die Tat umsetzen und die Welt zu einem schöneren Ort machen!

DIE KAFFEEPAUSE

Der Denker (die Fünf)

> Du kannst vieles beobachten,
> wenn du einfach nur zusiehst.
>
> *YOGI BERRA*
> *(amerikanischer Baseball-Coach)*

Fünfen wollen alles wissen und verstehen, unabhängig sein und sich nicht zum Narren machen.

Im besten Fall sind Fünfen
analytisch veranlagt
ausdauernd
empfindsam
klug
objektiv
tiefblickend
selbstgenügsam

Im schlimmsten Fall sind Fünfen
überheblich
geizig
stur
distanziert
kritisch
negativ eingestellt
nicht durchsetzungsfähig

Persönlichkeitsfragebogen

Kreuze an, was auf dich zutrifft, wenn du noch nicht 25 Jahre alt bist, oder was zutraf, bevor du 25 warst.

- ☐ 1 Ich lerne durch Beobachten oder Lesen und nicht durch Tun.
- ☐ 2 Ich kann meine Gefühle schlecht verbalisieren.
- ☐ 3 Ich gebe mich ganz meinen Interessen hin und bin gerne stundenlang allein, um mich ihnen zu widmen.
- ☐ 4 Gewöhnlich empfinde ich stärker, wenn ich alleine bin.
- ☐ 5 Manchmal habe ich ein schlechtes Gewissen, weil ich nicht großzügig genug bin.
- ☐ 6 Ich versuche, meine Empfindlichkeit gegen Kritik und Beurteilungen zu verbergen.
- ☐ 7 Aufdringliche, laute Menschen stören mich.
- ☐ 8 Konformität ist mir ein Graus.
- ☐ 9 Ich tue mich gerne mit Leuten zusammen, die sich in meinem Gebiet auskennen.
- ☐ 10 Ich finde es ganz angenehm, einen Titel zu haben – Dr., Professor oder etwas anderes –, auf den ich stolz sein kann.
- ☐ 11 Man hat mir auch schon nachgesagt, ich sei negativ, sarkastisch und mißtrauisch.
- ☐ 12 Wenn es mir in einer Gesellschaft nicht wohl ist, wünsche ich oft, ich könnte verschwinden.
- ☐ 13 Es widerstrebt mir meistens, mich durchzusetzen oder aggressiv zu sein.
- ☐ 14 Ich mag die meisten gesellschaftlichen Anlässe nicht. Ich bin lieber allein oder mit wenigen guten Bekannten zusammen.
- ☐ 15 Manchmal bin ich schüchtern oder fühle mich unbehaglich.

☐ 16 Ich werde müde, wenn ich zu lange mit Menschen zusammen bin.
☐ 17 Ich habe das Gefühl, anders zu sein als die meisten Menschen
☐ 18 Ich komme mir unsichtbar vor. Es überrascht mich, wenn irgend jemand irgend etwas an mir bemerkt.
☐ 19 Ich suche mein Glück nicht in materiellen Dingen.
☐ 20 Mein ruhiges Auftreten ist ein Schutz. Es macht mich sicherer.

Wie man gut mit mir auskommt

- Sei unabhängig und klammere dich nicht an mich.
- Sei offen und fasse dich kurz.
- Ich brauche Zeit für mich, um meine Gefühle und Gedanken ins reine zu bringen.
- Denk daran: Wenn ich reserviert, distanziert oder arrogant erscheine, ist es mir *möglicherweise* nicht wohl in meiner Haut.
- Gib mir das Gefühl, willkommen zu sein, aber nicht zu sehr, sonst zweifle ich an deiner Aufrichtigkeit.
- Wenn ich gereizt bin, weil ich etwas wiederholen muß, ist es mir wahrscheinlich schwergefallen, es überhaupt zu formulieren.
- Überfahre mich nicht.
- Hilf mir, meine Lieblingsabneigungen zu vermeiden: große Partys, die laute Musik anderer Leute, übertriebene Gefühlsergüsse und Eindringen in mein Privatleben.

Beziehungen

Fünfen in ihrer Höchstform sind in Beziehungen liebenswürdig, einfühlsam, offen, unabhängig und vertrauenswürdig.
Fünfen in ihrer Tiefstform sind streitsüchtig, zurückgezogen und negativ. Sie sind auf der Hut, weil sie Angst haben, von anderen vereinnahmt zu werden.

Was Fünfen an sich selbst gefällt

- Zurücktreten und das Leben objektiv betrachten zu können.
- Etwas durch und durch zu verstehen; Ursache und Wirkung zu erkennen.
- Das Gefühl der Integrität; das zu tun, was sie für richtig halten, und sich von Gesellschaftsnormen nicht beeinflussen zu lassen.
- Sich weder von materiellem Besitz noch einer Stellung einfangen zu lassen.
- In Krisensituationen die Ruhe zu bewahren.

Was Fünfen an sich selbst mißfällt

- Die Zeit, die sie brauchen, um ihr Wissen und ihre Einsichten unter die Leute zu bringen.

- Sich mies zu fühlen, wenn sie sich defensiv oder wie Alleswisser verhalten.
- Unter die Leute zu gehen, auch wenn sie es nicht wollen.
- Zusehen zu müssen, wie andere, gesellschaftlich geschliffenere, aber weniger intelligente Leute mit weniger Kenntnissen beruflich besser vorankommen.
- Die Schwierigkeit, eigene Gedanken klar auszudrücken.

Typische Gedanken der Fünf

Fünfer-Kinder

- Verbringen viel Zeit allein, lesen, sammeln und beschäftigen sich selbst.
- Haben wenige gute Freunde statt viele Bekannte.
- Sind oft sehr intelligent, aufgeweckt und gute Schüler.
- Denken eigenständig und stellen Eltern und Lehrern häufig Fragen.
- Schauen sich die Dinge unbeteiligt an und sammeln Informationen.
- Setzen eine unbewegte Miene auf, damit man nicht sieht, daß sie Angst haben.
- Sind empfindsam und vermeiden zwischenmenschliche Konflikte.
- Fühlen sich in die Ecke gedrängt und überwacht oder ignoriert und vernachlässigt.

Fünfer-Eltern

- Sind oft liebenswürdig, einfühlsam und tun alles für ihre Kinder.
- Sind manchmal autoritär und fordernd.
- Erwarten manchmal höhere intellektuelle Leistungen, als es dem Entwicklungsstand der Kinder entspricht.
- Können intolerant auf starke Gefühlsausbrüche ihrer Kinder reagieren.

Berufe

Fünfen trifft man oft in wissenschaftlichen, technischen oder anderen Bereichen an, die hohe intellektuelle Anforderungen stellen. Sie haben gute analytische Fähigkeiten und sind gute Problemlöser. Mit einem starken Vierer-Flügel werden sie manchmal Berater, Musiker, Künstler oder Schriftsteller. Fünfen arbeiten gerne allein und denken eigenständig.

Die SCHLIMMSTE Aufgabe für eine Fünf!

Freizeit

Fünfen lesen gerne, informieren sich eingehend über ein Thema, mögen anregende Gespräche mit Freunden, gehen ins Konzert, in Museen und Vorträge, spielen intellektuell anspruchsvolle Spiele, sammeln oder arbeiten an einem eigenen Vorhaben und unternehmen Reisen in ferne Länder, um fremde Kulturen und Sitten kennenzulernen.

Was man über Fünfen so sagt

»Sie ist gerne für sich. Ich wundere mich immer, wie sie stundenlang alleine sein und lesen, musizieren, Gartenarbeiten machen und über Gott und die Welt nachdenken kann.«
»Er hat eine weiche, ruhige und besänftigende Stimme. Er sieht die Dinge aus einem anderen Blickwinkel: Er findet es zum Beispiel interessant, wenn ihn jemand beleidigt.«
»Sie weiß sehr viel und denkt völlig anders. Ich mag auch ihren trockenen, witzigen Humor.«
»Ich kann immer nur staunen, wieviel mein Freund – eine Fünf – zu Gesprächen über die verschiedensten Themen beitragen kann.«

Die Flügel

Manchmal wird deine Persönlichkeit von den Typen neben dir beeinflußt oder vermischt sich mit ihnen. Ein ausgeprägter Flügel kann eine Persönlichkeit stark verändern.
Fünfen mit einem stärkeren Vierer-Flügel sind oft kreativer, humanitärer eingestellt, empfindsamer, mitfühlender und in sich gekehrter.

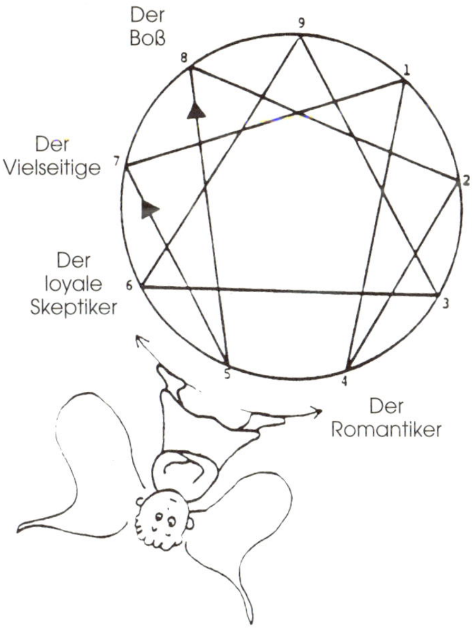

Fünfen mit einem ausgeprägteren Sechser-Flügel sind loyaler, ängstlicher, skeptischer und vorsichtiger. Sie interessieren sich stärker für Wissenschaftliches.

Die Bewegung innerhalb des Enneagramms

Folgt man den Linien in der Abbildung, so bewegen sich Fünfen in der einen Richtung auf die Acht und in der anderen auf die Sieben zu. Fünfen gehen auf die positive Seite der Acht zu, wenn sie sich sicher fühlen, und sie können diese positiven Eigenschaften bewußt fördern. Unter Druck gehen Fünfen auf die negative Seite der Sieben zu, können aber versuchen, diese negativen Züge bewußt zu vermeiden. Lies die Kapitel über die Acht und die Sieben, um mehr darüber zu erfahren.

Wenn Fünfen auf die positive Seite der Acht zugehen

- Kommen sie in Berührung mit ihrem Körper, mit dessen Kraft und Energie, entfernen sich vom reinen Denken und fangen an zu handeln.
- Haben sie mehr Vertrauen in ihre instinktiven Gefühle und drücken sich direkter und spontaner aus.
- Setzen sie sich mehr durch und tun, was nötig ist, um ans Ziel zu kommen, wenn ihre Sache ihnen gerechtfertigt erscheint.
- Verleiht ihnen ihr Ärger Energie und motiviert sie, statt daß sie sich damit zurückziehen.
- Verteidigen sie sich effektiver und setzen klare Grenzen.

Wenn Fünfen auf die negative Seite der Acht zugehen

- Werden sie streng und unerbittlich.
- Handeln sie unvernünftig.
- Setzen sie sich über die Gefühle und Wünsche anderer ganz offen hinweg.

Wenn Fünfen auf die negative Seite der Sieben zugehen

- Übernehmen sie ständig neue Aufgaben.
- Werden sie zerstreut und unkonzentriert.

Wenn Fünfen auf die positive Seite der Sieben zugehen

- Erleben sie das Leben intensiver.
- Werden sie sicherer.
- Fangen sie an, das Leben zu genießen, und verlieren ihre Hemmungen.

Praktische Hinweise und Übungen für Fünfen

1. Raus aus dem Kopf – rein in die Welt

- Geh Risiken ein, und sag deine Meinung, auch wenn du Angst hast, dumm dazustehen. Mach es wie andere, die sich nicht fürchten, ins Fettnäpfchen zu treten.

- Werde aktiver, tu etwas Kreatives oder treibe Sport.
- Genieße den Augenblick.
- Geh in eine Psycho- oder Körpertherapie, damit du deine Gefühle ausdrücken lernst.

2. Beziehungen

- Wenn du zu langen Monologen tendierst, dann beschränke dich erst mal auf zwei oder drei Sätze und erkundige dich, bevor du fortfährst, ob es die anderen überhaupt interessiert. Sieh zu, daß es ein *Austausch* von Gedanken wird.

- Zügle in Gruppen dein dringendes Verlangen, dein Wissen unter Beweis zu stellen.
- Laß es andere wissen, wenn sie dir wichtig sind.
- Wenn du anderen etwas geben willst, dann nur zu!
- Bitte um die Dinge, die du willst, einschließlich der Respektierung deiner Grenzen.
- Wenn du mehr Erfahrungen im Umgang mit Menschen sammeln möchtest, geh in eine laufende Therapiegruppe, in der du ganz nach Belieben reden oder schweigen kannst.

Treffen der anonymen Außenseiter

Was Fünfen nie im Traum einfallen würde

- Eine Gelegenheit verstreichen zu lassen, Kollegen ihr umfangreiches Wissen in einem abgelegenen Bereich ihres Fachgebietes vorzuführen.
- Eine Riesenparty zu organisieren.
- Sich freiwillig als Versammlungsleiter für die nächste Bürgerversammlung zu melden.
- Nur wegen der Gesellschaftskolumne eine Zeitung zu abonnieren.

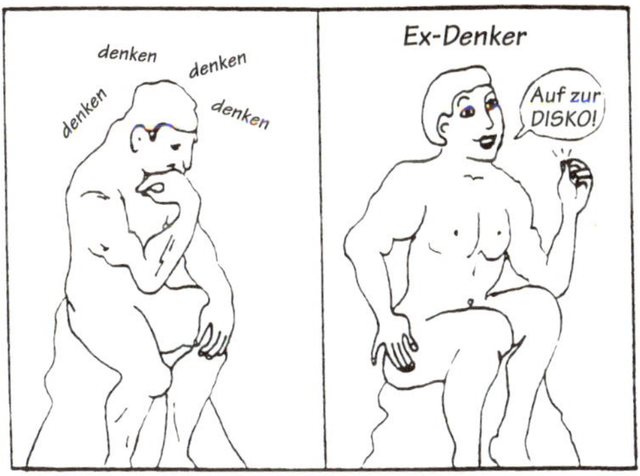

- Als Gebrauchtwagenhändler oder Grundstücksmakler tätig zu werden.
- Für die Pflanzen im eigenen Garten die gewöhnlichen statt der lateinischen Bezeichnungen zu verwenden.
- Auf eine Gruppenreise zu gehen, bei der sie zwei Wochen lang nicht für sich sein können.

Was du dir selbst Positives sagen kannst

- Umgang mit anderen und Erfahrungen sind für ein wirkliches Verständnis nötig.
- Wenn ich meine vorgefaßten Meinungen und Beurteilungen ablege, fühle ich mich erst richtig als Mensch.
- Ich brauche nicht der Intelligenteste zu sein.

Der loyale Skeptiker (die Sechs)

> Ich habe eine neue Lebensphilosophie: Jetzt fürchte ich nur noch den nächsten Tag!
>
> *CHARLES M. SCHULZ*
> *(der »Vater« von »Charlie Brown«)*

Sechsen haben das Bedürfnis nach Sicherheit. Phobisch (überängstlich) veranlagte Sechsen sind nach außen hin furchtsam und brauchen Bestätigung. Antiphobisch (angstabwehrend) veranlagte Sechsen stellen sich ihrer Angst. Beide Aspekte können im selben Menschen vereint sein.

Im besten Fall sind Sechsen

loyal
liebenswert
fürsorglich
warmherzig
mitfühlend
witzig
praktisch veranlagt
hilfsbereit
verantwortungsbewußt

Im schlimmsten Fall sind Sechsen

übervorsichtig
herrschsüchtig
anmaßend
unvorhersehbar
paranoid
defensiv
rigide
reizbar
sich selbst im Wege

Persönlichkeitsfragebogen

Kreuze an, was auf dich zutrifft, wenn du noch nicht 25 Jahre alt bist, oder was zutraf, bevor du 25 warst.

☐ 1 Bei manchen Autoritätsfiguren werde ich nervös.
☐ 2 Ich werde oft von Zweifeln geplagt.
☐ 3 Ich mag klare Regeln und weiß gerne, woran ich bin.
☐ 4 Ich halte immer Ausschau nach Gefahren.
☐ 5 Ich nehme die Dinge zu ernst.
☐ 6 Ich frage mich ständig, was wohl schiefgehen könnte.
☐ 7 Kritik empfinde ich oft als Angriff.
☐ 8 Ich grüble oft darüber nach, was mein Partner wohl denkt.
☐ 9 Ich kann sehr viel arbeiten.
☐ 10 Meine Freunde halten mich für loyal, hilfsbereit und mitfühlend.
☐ 11 Man sagt, ich hätte Humor.
☐ 12 Ich halte mich streng an Regeln (phobisch) oder breche sie häufig (antiphobisch).
☐ 13 Je verletzlicher ich in einer intimen Beziehung bin, desto ängstlicher und reizbarer werde ich.
☐ 14 Entweder schiebe ich die Dinge auf und stürze mich kopfüber hinein, auch in gefährliche Situationen.
☐ 15 Ich merke sofort, wenn mir jemand um den Bart streicht und mich damit manipulieren will.
☐ 16 Ich mag Vorhersehbarkeit.
☐ 17 Ich sabotiere meinen eigenen Erfolg.
☐ 18 Ich kann Menschen durch dick und dünn beistehen.
☐ 19 Sauberkeit und Ordnung geben mir das Gefühl, mein Leben besser im Griff zu haben.
☐ 20 Ich mag Angeber nicht.

Wie man gut mit mir auskommt

- Sei direkt und klar.
- Höre mir gut zu.
- Verurteile mich nicht wegen meiner Ängstlichkeit.
- Arbeite die Dinge mit mir durch.
- Versichere mir, daß alles zwischen uns in Ordnung ist.
- Lache und vergnüge dich mit mir.
- Ermutige mich *sanft* zu neuen Erfahrungen.
- Versuche, auf meine Überreaktionen nicht mit Überreaktionen zu antworten.

Ich will mir in Frieden meine Sorgen machen.

Beziehungen

Sechsen in ihrer Bestform sind in Beziehungen warmherzig, verspielt, offen, loyal und eine aufrichtige, gerechte und verläßliche Stütze.

In ihrer Tiefstform sind Sechsen in Beziehungen mißtrauisch, unflexibel, sarkastisch und herrisch. Wenn sie sich bedroht fühlen, ziehen sie sich entweder zurück oder geben sich unnachgiebig.

Was phobischen Sechsen an sich selbst gefällt

- Ihre Hingabe und Treue der Familie und Freunden gegenüber.
- Ihr Verantwortungsbewußtsein und ihr Arbeitseinsatz.
- Ihr Mitgefühl mit anderen.
- Ihr Intellekt und Witz.

Was antiphobischen Sechsen an sich selbst gefällt

- Nonkonformistisch zu sein.
- Gefahren mutig entgegenzutreten.
- Ihre Direktheit und Bestimmtheit.

Was Sechsen an sich selbst mißfällt

- Das ständige Abwägen vor einem Entschluß.
- Die Dinge aus Angst vor Mißerfolg aufzuschieben; ihr geringes Selbstvertrauen.

- Ihre Angst, verlassen oder übervorteilt zu werden.
- Ihre Erschöpfung, weil sie ständig in Sorge sind und überall Gefahren wittern.
- Das Fehlen von Regeln, anhand deren sie alles richtig machen könnten.
- Eine zu harte Selbstkritik, wenn sie die eigenen Erwartungen nicht erfüllen.

Typische Gedanken der phobischen Sechs

Sechser-Kinder

- Sind freundlich, liebenswert, verläßlich und/oder sarkastisch, herrschsüchtig und stur.
- Sind ängstlich und übervorsichtig und wittern überall Gefahr.
- Tun sich mit einem besten Freund oder Elternteil zu einem Team zusammen unter dem Motto »Wir gegen sie«.
- Wenden sich zu ihrem Schutz an Gruppen oder Behörden und/oder stellen Autoritäten in Frage und lehnen sich auf.
- Werden vernachlässigt oder mißhandelt, kommen aus unzuverlässigen Familien oder solchen mit Alkoholikern und/oder übernehmen die Ängstlichkeit eines überängstlichen Elternteils.

Sechser-Eltern

- Sind oft liebevoll, fürsorglich und haben ein ausgeprägtes Pflichtgefühl.
- Lassen ihren Kindern manchmal nur widerstrebend ihre Unabhängigkeit.

- Sorgen sich mehr als andere, daß sich ihre Kinder verletzen könnten.
- Haben manchmal Schwierigkeiten, nein zu ihren Kindern zu sagen und ihnen Grenzen zu setzen.

Berufe

Auch wenn man Sechsen in fast allen Berufen antrifft, zeigen sie doch oft eine Vorliebe für das Rechtswesen, das Militär, die Geschäftswelt und die Universität. Sechsen arbeiten gerne im Team. Viele sind im Gesundheits- und Erziehungswesen.
Antiphobische Sechsen üben manchmal einen Risikoberuf aus. Die eher antiautoritären Sechsen sind in der Regel glücklicher, wenn sie selbständig arbeiten können.
Wenn Sechsen mit ihrer Arbeitssituation unzufrieden sind, lehnen sie sich oft auf oder verschließen sich.

Freizeit

Sechsen haben eine Menge Energie und oft viel zu tun. Zusätzlich zu den Freizeitbeschäftigungen der anderen acht Typen treiben sie häufig Sport und unternehmen Streifzüge durch die Natur. Manche gehören Gruppen an, die Unterprivilegierten zur Seite stehen. Antiphobische Sechsen machen oft bei gefährlichen Unternehmen mit oder schlagen sich auf die Seite von Rebellen.

Was man über Sechsen so sagt

»Leutnant Holmes entgeht aber auch gar nichts! Er hat mehr Verbrechen aufgeklärt als alle anderen in der Abteilung zusammengenommen!«
»Er ist der verläßlichste, verantwortungsbewußteste und arbeitsamste Manager, den diese Firma je hatte. Außerdem sorgt er mit seinem erfrischenden Humor für gute Stimmung.«
»Sie war eine großartige Lehrerin. Ihre Warmherzigkeit und ihr Verständnis haben mich angespornt, fleißig zu lernen, um an eine gute Uni zu kommen.«
»Sie ist eine intelligente, loyale und liebenswerte Freundin, die ihr Wort nie gebrochen und mir immer geholfen hat, wenn ich Hilfe brauchte.«

Die Flügel

Manchmal wird deine Persönlichkeit von den Typen neben dir beeinflußt oder vermischt sich mit ihnen. Ein ausgeprägter Flügel kann eine Persönlichkeit stark verändern.

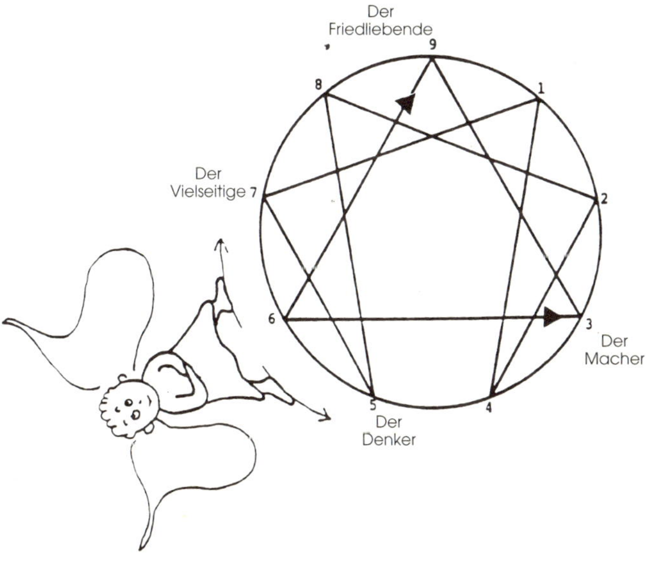

Sechsen mit einem stärkeren Fünfer-Flügel sind introvertierter, intellektueller, vorsichtiger und unnahbarer.
Sechsen mit einem stärkeren Siebener-Flügel sind extravertierter, materialistischer eingestellt und impulsiver.

Die Bewegung innerhalb des Enneagramms

Wenn du den Linien in der Abbildung folgst, bewegt sich die Sechs in der einen Richtung auf die Neun und in der anderen auf die Drei zu. Sechsen gehen auf die positive Seite der Neun zu, wenn sie sich sicher fühlen, und sie können diese positiven Eigenschaften bewußt fördern. Unter Druck bewegen sich Sechsen auf die negative Seite der Drei zu, können aber versuchen, diese negativen Züge bewußt zu vermeiden. Lies die Kapitel über die Neun und die Drei, um mehr über sie zu erfahren.

Wenn Sechsen auf die positive Seite der Neun zugehen

- Haben sie mehr Mitgefühl.
- Sehen sie die Dinge aus einer breiteren Perspektive.
- Nehmen sie das Leben weniger ernst und verfügen über mehr Energie.
- Vertrauen sie mehr auf ihre innere Führung.

Wenn Sechsen auf die negative Seite der Neun zugehen

- Betäuben sie sich mit Drogen, Fernsehen, Lesen, Essen oder Schlafen, um nicht ständig über alles nachzugrübeln.
- Driften sie ab und werden apathisch.

Wenn Sechsen auf die negative Seite der Drei zugehen

- Vermeiden sie Angstgefühle durch Geschäftigkeit und werden häufig zum Arbeitstier.
- Unternehmen sie nur sehr ungern etwas Neues, wenn es mißlingen könnte.

- Schlüpfen sie in eine Rolle oder ziehen eine Maske über, um sich sicherer zu fühlen.
- Schwindeln sie, um etwas zu vertuschen oder voranzukommen.

Wenn Sechsen auf die positive Seite der Drei zugehen

- Handeln sie bestimmt und effizient.
- Haben sie bei allem, was sie tun, ein gutes Gefühl.

Praktische Vorschläge und Übungen für Sechsen

1. Selbstvertrauen

- Sei möglichst mit Menschen zusammen, die dich akzeptieren, verläßlich sind und dir Mut machen.
- Nimm das Positive, das über dich gesagt wird, auch wirklich wahr und versuche, daran zu glauben.
- Denk daran, daß du dich ändern und deine Ängste überwinden *kannst*; ebenso kannst du lernen, trotz der Angst zu handeln.

- Vergiß nicht, daß es keine »richtige« Lebensweise gibt; sieh einfach zu, daß du mit dir selbst über deine Handlungsweise im reinen bist.
- Klopf dir selbst auf die Schulter. Warte nicht darauf, daß dir jemand sagt, wie gut du es gemacht hast.
- Schreibe dir selbst und rede mit dir selbst auf fürsorgliche und pflegliche Weise.
- Denke daran, daß es o.k. ist, Fehler zu machen.

2. Beziehungen

> Ich glaube stets lieber an das Beste in jedem – das ist viel weniger anstrengend.
> *RUDYARD KIPLING*

- Sechsen reagieren unter Druck oft übertrieben. Unterschätze nicht, wie negativ das auf andere wirken kann.
- Gib nur dann, wenn du es wirklich willst, sonst fühlst du dich danach ausgenutzt.
- Vergewissere dich andern gegenüber und frage sie: »Hast du gerade ... gedacht?« oder »Hast du eben das gedacht, wovon ich *glaube*, daß du es dachtest?«
- Lerne, deine übermäßige Vorsicht mit Humor zu sehen.

3. Arbeit

- Lobe dich für deinen Einsatz bei der Arbeit. Konzentriere dich auf deine Stärken.
- Teile deine Aufgaben in kleinere Happen auf, und erledige einen nach dem anderen.
- Wenn du dich überarbeitet fühlst oder zu gestreßt bist, weil du zuviel Arbeit übernommen hast, dann delegiere, soviel du kannst.
- Hab Geduld, wenn andere in ihrem und nicht in deinem Tempo vorankommen.

Spiel weiter – auch wenn du Todesängste ausstehst!

4. Sorge und Angst

- Beobachte deine Ängste, ohne dich dafür zu verurteilen.
- Orientiere dich an Tatsachen, wenn dir mulmig zumute ist: Lies zum Beispiel in der Statistik die Anzahl der Flugunglücke nach.
- Lerne damit zu leben, daß du dich schwer entschließen kannst. Deine Unentschiedenheit wird nicht ewig dauern.
- Fange an zu meditieren, mach Atemübungen, lerne eine Visualisierungsmethode oder nimm einen Kurs für Streßabbau.

- Stelle dir eine friedliche Situation vor. Wenn Sorgen an dir nagen, mach ein paar tiefe Atemzüge, und versetze dich in jene Situation zurück. Tu das regelmäßig.
- Sag nicht, daß du faul bist, wenn du dich nur entspannst.
- Betätige dich körperlich: Treibe Sport, mach Gymnastik oder geh wandern.

Was Sechsen nie im Traum einfallen würde

Sylvia macht sich überhaupt keine Gedanken darüber, daß sie keine Arbeit mehr hat oder daß ihre biologische Uhr abläuft.

- Nachts ein vertrautes Geräusch zu hören und sicher zu sein, daß es die Katze und kein Einbrecher ist.
- Sich selbst dafür zu vergeben, daß sie die Lieblingsvase ihrer besten Freundin zerbrochen haben.
- Bei einem anstehenden Berufswechsel nicht sämtliche Freunde nach ihrer Meinung zu fragen.
- Zu einem neuen Therapeuten oder Arzt zu gehen, ohne sich vorher genau über ihn zu informieren.
- Sicher zu sein, daß sie bei einem größeren Einkauf die richtige Wahl getroffen haben.

Was du dir selbst Positives sagen kannst

- Vorbereitet sein heißt auf das zu vertrauen, was jeder Augenblick bringt.
- Ich bin stark. Ich bin ruhig. Ich werde es schaffen.
- Heute geht es mir gut. Morgen wird es mir auch gut gehen.
- Ich lerne, auf meine eigenen Entscheidungen zu vertrauen.
- Es ist in Ordnung, ein Risiko einzugehen und Fehler zu machen.

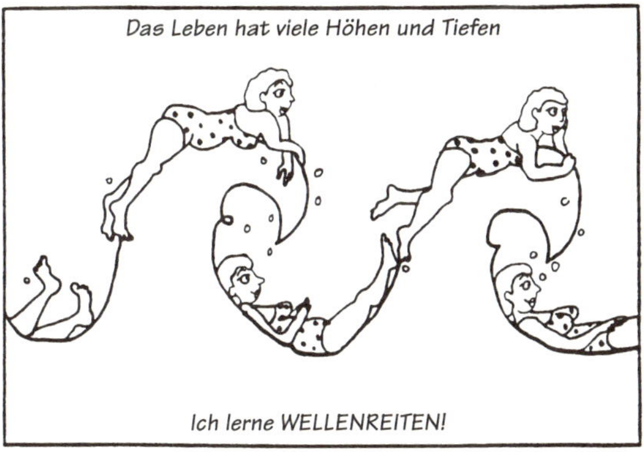

Der Vielseitige (die Sieben)

Du lebst nur einmal –
aber wenn du es richtig
anstellst, genügt das.
JOE E. LEWIS
(amerikanischer Mikrobiologe)

Siebenen werden durch das Bedürfnis motiviert, glücklich zu sein, erfreuliche Dinge zu unternehmen, ihren Beitrag in der Welt zu leisten und Leid und Schmerzen zu vermeiden.

Im besten Fall sind Siebenen
fröhlich
spontan
einfallsreich
produktiv
begeisterungsfähig
schnell
zuversichtlich
charmant
neugierig

Im schlimmsten Fall sind Siebenen
narzißtisch
impulsiv
unkonzentriert
rebellisch
undiszipliniert
besitzergreifend
manisch
selbstzerstörerisch
ruhelos

Persönlichkeitsfragebogen

Kreuze an, was auf dich zutrifft, wenn du noch nicht 25 Jahre alt bist, oder was zutraf, bevor du 25 warst.

☐ 1 Ich liebe das Leben. Gewöhnlich habe ich keine Hemmungen und bin optimistisch.
☐ 2 Ich mag mich nicht jemandem verpflichtet fühlen oder jemandem etwas schuldig sein.
☐ 3 Ich bin fleißig und energisch. Wenn ich mir selbst überlassen bin, habe ich selten Langeweile.
☐ 4 Ich gehe oft mit Wort oder Tat Risiken ein.
☐ 5 Gewöhnlich suche ich mir lebenslustige Freunde mit ähnlichen Vorlieben.
☐ 6 Ich bin auf keinem Gebiet Experte, kann aber vieles gut.
☐ 7 Ich pendle zwischen verschiedenen Aufgaben hin und her und bleibe gerne in Bewegung.
☐ 8 Anscheinend bin ich weniger nachtragend und erhole mich schneller von Verlusten als die meisten meiner Bekannten.
☐ 9 Ich mag mich und bin gut zu mir.
☐ 10 Ich mag Menschen, und gewöhnlich mögen sie mich auch.
☐ 11 Im allgemeinen bekomme ich, was ich will.
☐ 12 Schlagfertigkeit gefällt mir.
☐ 13 Ich bin ein Idealist und möchte einen Beitrag in der Welt leisten.
☐ 14 Ich schwanke zwischen Verpflichtungen und dem Wunsch nach Freiheit und Unabhängigkeit.
☐ 15 In einer Gruppe fühle ich mich meistens wohl.
☐ 16 Wenn andere unglücklich sind, versuche ich gewöhnlich, sie aufzuheitern und sie dazu zu bringen, die positiven Seiten zu sehen.

☐ 17 Ich mag Abenteuer und Reisen.

☐ 18 Manchmal fühle ich mich anderen unter-, manchmal überlegen.

☐ 19 Gewöhnlich sage ich, was ich denke. Manchmal handle ich mir damit Schwierigkeiten ein.

☐ 20 Ich kann große Opfer bringen, um anderen zu helfen.

Wie man gut mit mir auskommt

- Sei ein guter, zärtlicher Kamerad und laß mir meine Freiheit.
- Lache und unterhalte dich angeregt mit mir.
- Würdige meine großartigen Visionen, und laß mich von meinen Erlebnissen erzählen.
- Versuche nicht, mich zu ändern. Nimm mich, wie ich bin.
- Sei für dich selbst verantwortlich. Ich mag unsichere, sich anklammernde Menschen nicht.
- Sag mir nicht, was ich tun soll.

Beziehungen

Siebenen in ihrer Höchstform sind in Beziehungen unbeschwert, großzügig, fürsorglich, amüsant und gehen aus sich heraus. Sie bringen ihre Freunde und geliebte Menschen dazu, Neues zu unternehmen und abenteuerlustig zu werden.

Siebenen in ihrer Tiefstform sind in Beziehungen narzißtisch, starrköpfig, defensiv und zerstreut. Sie haben oft ambivalente Gefühle, was Bindungen angeht.

Was Siebenen an sich selbst gefällt

- Ihr Optimismus, und daß sie sich von den Unbilden des Lebens nicht unterkriegen lassen.
- Ihre Spontaneität und ihr Freigeist.
- Ihre Offenheit und Unverblümtheit – das gehört mit zum Spaß.
- Ihre Großzügigkeit und ihr Einsatz für die Verbesserung der Welt.
- Der Mut, Risiken einzugehen und sich auf spannende Abenteuer einzulassen.
- Ihre unterschiedlichsten Interessen und Fähigkeiten.

Was Siebenen an sich selbst mißfällt

- Daß sie nicht genug Zeit haben, alles zu tun, was sie gerne möchten.
- Daß sie Angefangenes nicht abschließen.

Wir müssen unsere Möglichkeiten offenhalten!

- Die Vorteile einer Spezialisierung nie kennenzulernen; sich nicht wirklich auf einen Beruf einlassen.
- Die Tendenz, den Boden unter den Füßen zu verlieren und in Plänen oder Phantasien aufzugehen.
- Sich in einer Zweierbeziehung gefangen zu fühlen.

Typische Gedanken der Sieben

Siebener-Kinder

- Sind aktiv und abenteuerlustig.
- Fädeln Aufregendes ein.
- Sind lieber mit anderen Kindern zusammen als allein.
- Umgarnen die Erwachsenen.
- Träumen von der Freiheit, die sie haben werden, wenn sie groß sind.

Siebener-Eltern

- Sind oft begeisterungsfähig und großzügig.
- Möchten, daß ihre Kinder soviel Spannendes erleben wie möglich.
- Sind möglicherweise zu sehr mit ihren eigenen Vorhaben beschäftigt, um sich wirklich um die Kinder zu kümmern.

Berufe

Viele Siebenen haben gleichzeitig mehrere Berufe oder einen, in dem sie viel reisen (beispielsweise als Piloten, Stewardessen oder Fotografen). Manche gehen gerne mit Werkzeug und Maschinen um oder arbeiten lieber draußen. Andere lösen Probleme als Unternehmer oder Trouble-shooter. Noch andere gehen als Lehrer, Krankenschwestern oder Berater in die helfenden Berufe. Siebenen findet man selten bei Routinearbeiten (etwa am Fließband oder in der Buchhaltung). Sie mögen Herausforderungen und reagieren in Notfällen schnell.

Freizeit

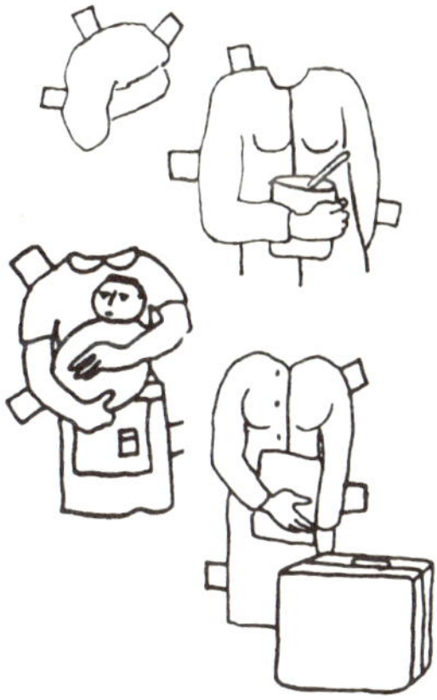

Siebenen reisen gerne und lieben den Kitzel der Gefahr (beim Fallschirmspringen, Drachen- oder Gleitschirmfliegen, Klettern und schnellen Autofahren). Sie mögen anregende, witzige Gespräche, lernen gerne Neues, nehmen sich vielerlei Vergnügliches vor, treiben Sport und spielen die verschiedensten Spiele, probieren neue Rezepte aus, gehen ins Konzert, schauen Filme an, gehen ins Theater und in die Oper, lesen, setzen sich für eine Sache ein, beschäftigen sich mit unzähligen verschiedenen Dingen und sind ständig auf Trab.

Was man über Siebenen so sagt

»Wenn ich Aufheiterung brauche, rufe ich meine Siebener-Freundin an und hole mir eine Portion Lebensfreude und Optimismus. Das wirkt immer!«

»Er hat ständig neue Ideen und sieht neue Möglichkeiten: Jetzt interessiert er sich für Jazz und hat praktisch jede CD, die es gibt.

Letztes Jahr ist er drei Monate lang in Höhlen herumgekrochen, und davor hat er einen Kochkurs in Frankreich gemacht.«

»Sie hat wirklich ein spannendes Leben: Zuerst war sie in Afrika, hat dort eine Klinik eröffnet und Hunderte von Säuglingen gerettet. Jetzt arbeitet sie als Freiwillige im Krankenhaus und kümmert sich um Crack-Babys. An Wochenenden geht sie Bergwandern, wenn sie nicht gerade auf einer Party ist oder sich in einer heißen Quelle aalt.«

»Er war ein prächtiger Großvater! Wir konnten stundenlang gemeinsam in seiner Werkstatt arbeiten. Dann gingen wir manchmal zum Fußballmatch, haben seine Freunde in der Stadt besucht oder eine Spazierfahrt gemacht. Abends hat er uns manchmal Geschichten aus den guten alten Goldgräberzeiten erzählt. Ich habe mich jedesmal schiefgelacht, wenn er seine falschen Zähne herausnahm und damit vor meiner Nase herumklapperte.«

Die Flügel

Manchmal wird deine Persönlichkeit von den Typen neben dir beeinflußt oder vermischt sich mit ihnen. Ein ausgeprägter Flügel kann eine Persönlichkeit stark verändern.
Siebenen mit einem stärkeren Sechser-Flügel sind meistens loyaler, liebenswürdiger, verantwortungsbewußter, aber auch ängstlicher.
Siebenen mit einem stärkeren Achter-Flügel sind meistens überschwenglicher, aggressiver, haben mehr Wettbewerbsgeist und sind materialistischer eingestellt.

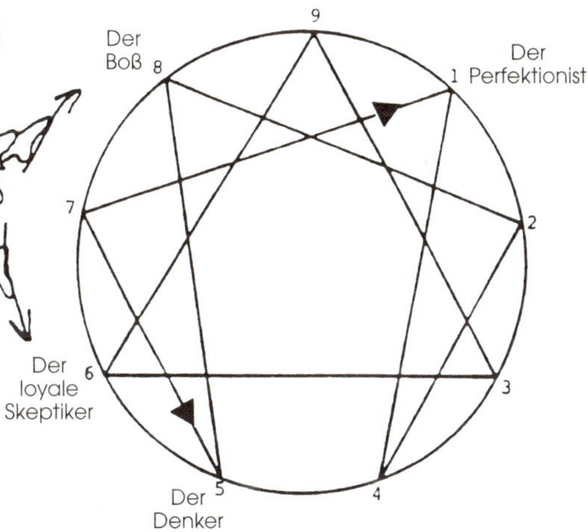

Die Bewegung innerhalb des Enneagramms

Wenn man den Linien im Diagramm folgt, bewegen sich Siebenen in der einen Richtung auf die Fünf, in der anderen auf die Eins zu. Siebenen gehen auf die positive Seite der Fünf zu, wenn sie sich sicher fühlen, und sie können diese positiven Eigenschaften bewußt pflegen. Unter Druck gehen sie auf die negative Seite der Eins zu, können aber versuchen, diese negativen Züge bewußt zu vermeiden. Lies die Kapitel über die Fünf und die Eins, um sie besser kennenzulernen.

Wenn Siebenen auf die positive Seite der Fünf zugehen

- Werden sie ruhiger, verinnerlichter und objektiver.
- Gehen sie einer Sache auf den Grund und schätzen Klugheit und Selbstdisziplin höher.
- Akzeptieren sie bereitwilliger beide Seiten des Lebens: die gute und die schlechte, die freudige und die traurige.
- Werden sie ernster und werden auch ernster genommen.
- Kommen sie in Kontakt zu ihren Gefühlen.

Wenn Siebenen auf die negative Seite der Fünf zugehen

- Drängen sie anderen ihre Theorien auf.
- Beschäftigen sie sich mehr mit sich und gehen Verantwortung aus dem Weg.

Wenn Siebenen auf die negative Seite der Eins zugehen

- Werden sie zynisch und überkritisch, mäkeln herum, fauchen andere an und versuchen sie zu ändern.
- Fangen sie an, sich und andere zu verurteilen, und können nicht mehr über sich lachen.
- Denken sie in Schwarz-weiß-Kategorien und »wissen«, daß sie die Wahrheit für sich gepachtet haben.
- Beschuldigen sie andere, sie würden ihnen jedes Vergnügen verwehren.
- Drehen sich ihre Gedanken nur noch um ihre eigenen Ideen und Pläne.
- Sind sie ständig gereizt.

Wenn Siebenen auf die positive Seite der Eins zugehen

- Werden sie produktiver, schließen Angefangenes ab und setzen ihre Ideale in die Tat um.
- Nimmt ihr Interesse an ihrem eigenen Wohlergehen ab, am Wohlergehen anderer hingegen zu.
- Wägen sie ihre Möglichkeiten klüger ab.

Praktische Vorschläge und Übungen für Siebenen

1. Gesundheit

- Halte dich an gesunde Eß- und Schlafgewohnheiten und treibe Sport. Manche Siebenen neigen zu Extremen und vernachlässigen ihre Gesundheit.
- Mach ein Körpertraining mit – etwa Schwimmen – oder lerne Tai-Chi.
- Achte darauf, daß du nicht zuviel ißt, trinkst oder ausgibst, wenn du gestreßt bist.

Nimm dir nicht mehr vor, als du schaffen kannst.

2. Streß

- Sei dankbar für das, was du hast, statt dich auf das zu konzentrieren, was du haben möchtest.
- Schalte bei Problemen nicht einfach in der Hoffnung ab, daß sie dann verschwinden. Suche dir einen Freund oder Berater, mit dem du darüber reden kannst, damit kein Druck entsteht.
- Nimm deine rosafarbene Brille ab, und berücksichtige auch die dunkle oder negative Seite des Lebens – dann wirst du realistischer und ausgeglichener. Werde dir darüber klar, daß positives Denken nicht alle Probleme löst.
- Nimm deine Gefühle an und vertraue darauf, daß sie vorübergehen.

3. Beziehungen

- In einer intimen Beziehung kann die Frage, wieviel Zeit ihr gemeinsam oder getrennt verbringt, möglicherweise zu Problemen führen. Versucht, euch frühzeitig darüber zu einigen.
- Nimm dir Zeit zum intimen Zusammensein mit deinem Partner.

Höre aufmerksam zu!

- Sei taktvoll und empfindsam. Versuche, die Dinge aus der Sicht des anderen zu sehen.
- Sei offen für ein Feedback darüber, was du bei dir ändern

Höre aufmerksam zu!

könntest (beispielsweise: »Du fragst mich nicht, wie *mein* Tag gelaufen ist«).

- Frage andere, was *sie* möchten. Siebenen merken oft nicht, daß sie egozentrisch sind.

4. Arbeit

- Nimm dir vor, selbständig zu arbeiten.
- Erwarte nicht, daß andere es mit deinem Tempo aufnehmen.
- Konzentriere dich auf die anstehende Arbeit, anstatt dir vorzustellen, was du sonst noch alles tun könntest.

- Bedenke, daß harte Arbeit sich bezahlt macht und befriedigt. Siebenen denken oft, daß sich Dinge, die keinen Spaß machen, nicht lohnen.
- Wähle einen Beruf, in dem du deine Ideale umsetzen kannst.

Was Siebenen nie im Traum einfallen würde

- Alle Bücher, die sie begonnen haben, fertigzulesen, bevor sie eine neues in Angriff nehmen.
- Einen Wochenarbeitsplan aufzustellen und sich strikt daran zu halten.
- Etwas zu erzählen, ohne zu übertreiben.
- Sechs Monate in einem Zen-Zentrum in schweigender Meditation zu verbringen.
- Einen ganzen Tag mit einem Freund zusammenzusein, ohne im vorzuschlagen, wie er etwas schneller erledigen könnte, wenn er dieses oder jenes verkürzen würde.
- Sich als Freiwilliger bei der Telefonseelsorge zu melden.
- Zwölf Stunden lang einer Freundin zuzuhören, während sie nur über sich und ihre Probleme redet.

Was du dir selbst Positives sagen kannst

- Wahrheit und Klarheit sind nah, wenn Dunkelheit und Licht sich die Waage halten.
- Ich habe genug. Es ist genug da. Ich brauche nicht mehr.

Der Boß (die Acht)

Geh nie wütend zu Bett –
bleib auf und kämpfe!

Achten werden durch das Bedürfnis nach Selbstsicherheit und Stärke sowie die Vermeidung von Gefühlen der Schwäche oder Abhängigkeit motiviert.

Im besten Fall sind Achten
direkt
maßgebend
loyal
energisch
erdnah
Beschützer
voller Selbstvertrauen

Im schlimmsten Fall sind Achten
rebellisch
herrisch
gefühllos
anmaßend
egozentrisch
skeptisch
aggressiv

Persönlichkeitsfragebogen

Kreuze an, was auf dich zutrifft, wenn du noch nicht 25 Jahre alt bist, oder was zutraf, bevor du 25 warst.

☐ 1 Ich kann, wenn nötig, bestimmt und aggressiv sein.
☐ 2 Ich kann es nicht vertragen, ausgenutzt oder manipuliert zu werden.
☐ 3 Ich bin gerne direkt und ehrlich und lege meine Karten auf den Tisch.
☐ 4 Ich bin ein nonkonformistischer Individualist.
☐ 5 Ich achte Menschen, die für sich selbst einstehen.
☐ 6 Ich würde alles tun, um die Menschen, die ich liebe, zu beschützen.
☐ 7 Ich kämpfe für das, was richtig ist.
☐ 8 Ich unterstütze die Unterprivilegierten.
☐ 9 Ich habe keine Schwierigkeiten, mich zu entscheiden.
☐ 10 Selbstsicherheit und Unabhängigkeit sind mir wichtig.
☐ 11 Ich esse manchmal zuviel oder konsumiere Drogen.
☐ 12 Manche Leute stört meine Unverblümtheit.
☐ 13 Wenn ich in eine neue Gruppe komme, weiß ich sofort, wer das Sagen hat.
☐ 14 Ich arbeite hart und weiß, wie man etwas erreicht.
☐ 15 In Gruppen bin ich manchmal eher Beobachter als Teilnehmer.
☐ 16 Ich mag Spannung und Anregung.
☐ 17 Manchmal streite ich gern, besonders wenn ich mich sicher fühle.
☐ 18 Ich bin verletzlich und liebevoll, wenn ich jemandem wirklich vertraue.
☐ 19 Zu freundliche Leute oder Schmeichler gehen mir auf die Nerven.
☐ 20 Angeberei ist mir zuwider.

Wie man gut mit mir auskommt

- Tritt für dich selbst ein – und für mich.
- Hab Vertrauen, sei stark und direkt.
- Klatsche nicht über mich, und hintergehe mich nicht.
- Sei verletzbar und sage mir, was du fühlst. Nimm wahr, daß ich eine weiche, verletzbare Seite habe, und gestehe sie mir zu.
- Gib mir Raum zum Alleinsein.
- Sei dankbar für das, was ich für dich tue, aber ohne mir zu schmeicheln.
- Ich drücke mich oft sehr bestimmt aus. Nimm nicht automatisch an, es sei ein persönlicher Angriff.
- Wenn ich schreie, schimpfe und herumstampfe, dann vergiß bitte nicht, daß ich einfach so bin.

Ich mag diese Nähe.

Beziehungen

Achten in ihrer Höchstform sind loyal, fürsorglich, positiv eingestellt, verspielt, aufrichtig, einsatzbereit, geradeheraus, großzügig und hilfsbereit.

Achten in ihrer Tiefstform sind in Beziehungen fordernd, arrogant, streitsüchtig, besitzergreifend, kompromißlos und haben schnell etwas auszusetzen.

Was Achten an sich selbst gefällt

- Das Unabhängig- und Selbstsichersein.
- Das Ruder übernehmen und Herausforderungen die Stirn bieten zu können.

- Ihr Mut, geradeheraus und ehrlich zu sagen, was sie denken.
- Dem Leben soviel Spaß wie möglich abzugewinnen.
- Ihre Nächsten zu unterstützen, ihnen Einfluß zu verschaffen und sie zu beschützen.
- Für eine gerechte Sache einzustehen.

Was Achten an sich selbst mißfällt

Frauen haben es als Achten in der Gesellschaft manchmal schwer, weil man ihre Kraft und ihren Mut als »männlich« bezeichnet.

- Daß sie Menschen mit ihrer Unverblümtheit überrollen und in die Flucht schlagen, obwohl sie das gar nicht wollen.
- Ihre Unruhe und Ungeduld angesichts der Inkompetenz anderer.
- Sich wagemutig für jemanden einzusetzen und dafür nicht anerkannt zu werden.
- Daß sie eine Verletzung oder Ungerechtigkeit nie vergessen.
- Daß sie sich zuviel aufladen.
- Der hohe Blutdruck, den sie bekommen, wenn andere die Regeln nicht einhalten oder die Dinge nicht planmäßig verlaufen.

Typische Gedanken der Acht

Ich bin lieber stark und im Unrecht
als schwach und im Recht.
Amerikanisches Sprichwort

Achter-Kinder

- Sind unabhängig und haben innere Stärke und Kampfgeist.
- Sind manchmal Einzelgänger.
- Spielen den Anführer, damit niemand *sie* beherrscht.
- Finden die Schwächen der anderen heraus.
- Greifen mit Worten oder Fäusten an, wenn man sie provoziert.
- Übernehmen Verantwortung in der Familie, weil sie sich als die stärksten betrachten oder weil sie unter schwierigen, erniedrigenden Verhältnissen aufwachsen.

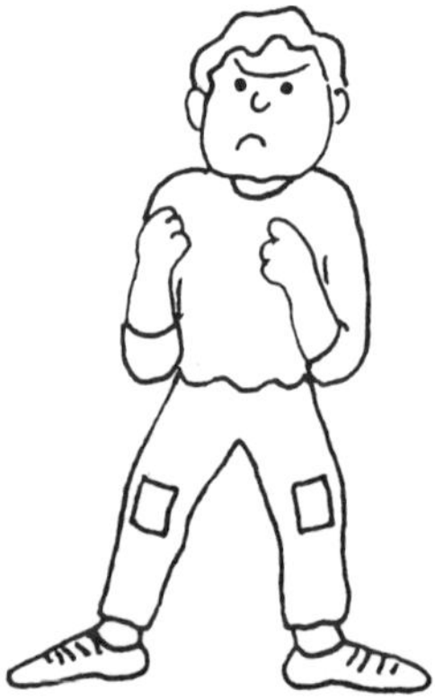

Achter-Eltern

- Sind oft loyal, fürsorglich, hingebungsvoll und setzen sich für ihre Kinder ein.
- Sind manchmal überfürsorglich.
- Können fordernd und stur sein und die Kinder ständig überwachen.

Berufe

Achten übernehmen gerne die Initiative, um voranzukommen. Sie brauchen eine leitende Stellung. Da sie die Freiheit für sich beanspruchen, ihre eigenen Entscheidungen zu treffen, sind sie oft ihr eigener Chef. Achten haben ein großes Bedürfnis nach finanzieller Sicherheit. Viele sind Unternehmer, Geschäftsleute, Anwälte, ranghohe Militärs, Gewerkschaftsführer oder herausragende Sportler. Man findet sie auch im Erziehungs- und Gesundheitswesen und in helfenden Berufen. Achten mögen Berufe, in denen ihre Bereitschaft zum Zug kommt, Verantwortung zu übernehmen und schwierige Probleme zu lösen.

Freizeit

Achten mögen intellektuelle und/oder körperliche Herausforderungen und setzen sich oft für eine Sache ein. Sie sind energiegeladen und fühlen sich im Freien wohl.

Was man über Achten so sagt

»Bei ihm kann ich ehrlich sein und sagen, was ich denke. Ich habe sogar das Gefühl, daß ich ihn hintergehe, wenn ich nicht aufrichtig bin.«

»Sie ist unglaublich! Sie zieht sich an, wie es ihr gefällt, und schert sich überhaupt nicht darum, was andere denken. Ich bewundere ihre Haltung und ihre Individualität.«

»Sie ist dynamisch, voller Energie und hat die Füße auf dem Boden. Sie sagt Dinge, die sich sonst niemand zu sagen wagt, und spornt mich an, offen zu sein.«

»Er führt seine Firma sehr praxisorientiert. Er kann delegieren und schnelle Entscheidungen treffen. Er bringt es zu etwas, weil man immer genau weiß, was er von einem will.«

Michael hat viel Durchsetzungskraft – aber dahinter steckt ein weiches Herz.

Die Flügel

Manchmal wird deine Persönlichkeit von den Typen neben dir beeinflußt oder vermischt sich mit ihnen. Ein ausgeprägter Flügel kann eine Persönlichkeit stark verändern.

Achten mit einem stärkeren Siebener-Flügel sind meistens extravaganter, unternehmungslustiger, energischer, flinker und egozentrischer.

Achten mit einem stärkeren Neuner-Flügel haben meistens weichere Umgangsformen, sind sanfter, aufgeschlossener und haben eine stille Kraft.

Die Bewegung innerhalb des Enneagramms

Wenn man den Linien in der Abbildung folgt, bewegt sich die Acht in der einen Richtung auf die Zwei und in der anderen auf die Fünf zu. Achten bewegen sich auf die positive Seite der Zwei zu, wenn sie sich sicher fühlen, und sie können diese positiven Eigenschaften bewußt fördern. Unter Druck gehen Achten auf die negative Seite der Fünf zu, können aber versuchen, diese negativen Züge bewußt zu vermeiden. Lies die Kapitel über die Zwei und die Fünf, um mehr über sie zu erfahren.

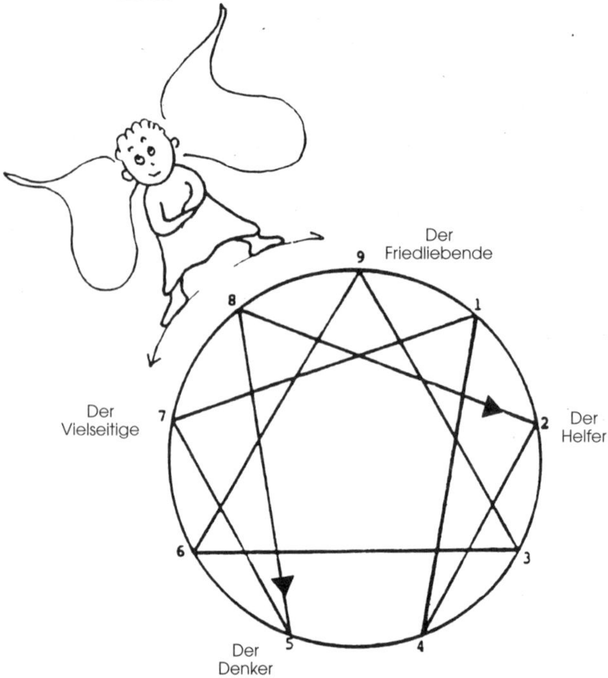

Wenn Achten auf die positive Seite der Zwei zugehen

- Öffnen sie sich anderen gegenüber und zeigen ihre Verletzlichkeit.
- Interessieren sie sich mehr für das Wohlergehen anderer.
- Werden sie liebevoller und liebenswerter und lassen ihre weiche, sanfte und zarte Seite zum Vorschein kommen.

Wenn Achten auf die negative Seite der Zwei zugehen

- Werden sie zu abhängig.
- Fordern sie Unrealistisches von andern.
- Nehmen sie eine Abwehrhaltung ein und reagieren oft übertrieben.

Wenn Achten auf die negative Seite der Fünf zugehen

- Ziehen sie sich zurück und setzen sich weniger in der Welt ein.
- Haben sie weniger Kontakt zu ihren Gefühlen.
- Fürchten sie, daß andere sich gegen sie wenden könnten.
- Werden sie niedergeschlagen und deprimiert.
- Fühlen sie sich manchmal schuldig und wenden ihre Aggression gegen sich selbst.

Wenn Achten auf die positive Seite der Fünf zugehen

- Treten sie einen Schritt zurück und sehen die Dinge aus einer objektiveren Sicht.
- Überlegen sie sich die Dinge besser, bevor sie handeln.

Praktische Vorschläge und Übungen für Achten

1. Beziehungen

- Widerstehe der Versuchung, die Erfahrungen oder Ansichten anderer abzutun oder zu widerlegen.
- Sei darauf gefaßt, daß du unabsichtlich andere durch deine »Direktheit« einschüchterst.
- Lobe andere laut, deutlich und immer wieder.
- Vermeide es, andere so hart anzutreiben wie dich selbst.

- Bedenke, daß Streit für Achten belebend ist, aber für die meisten anderen nicht.
- Lerne verhandeln.

2. Wut

Die ehrenhafteste Rache ist die, die man nicht nimmt.
Spanisches Sprichwort

- Achten ärgern sich oft über eine vergangene verletzende Bemerkung oder Tat. Wenn ein Gefühl der Verletztheit sofort und vernünftig geäußert wird, können spätere Explosionen verhindert werden.
- Laß deine Wut in einer Therapie heraus, oder besprich dich mit einem hilfsbereiten Freund.

3. Sei gut zu dir

- Wenn du fröhlich sein willst, suche dir Leute, die deine unbändige, nonkonformistische Art akzeptieren und Spaß daran haben.
- Umgib dich bei der Arbeit mit Leuten, die dein direktes Vorgehen respektieren und dir gegenüber aufrichtig sind.
- Mach eine Entwöhnungskur, wenn du süchtig bist.
- Hüte dich, Unrealistisches von dir zu verlangen.
- Nimm dir Zeit für kreative oder sportliche Aktivitäten.

Was Achten nie im Traum einfallen würde

- Alle gewagten Ausdrücke aus ihrem Vokabular zu streichen.
- Ihre Meinung nicht zu sagen, wenn sie mit dem Gesagten überhaupt nicht einverstanden sind.
- Als Geschäftsführer einer Firma zurückzutreten, weil sie einen anderen für fähiger halten.
- Bei einem Tennismatch nicht ihr Bestes zu geben, um zu gewinnen.
- Stets »Gut, machen wir's, wie du sagst« zu antworten

Die MEISTEN Achten verdrücken sich nicht, wenn man sie beleidigt.

Was du dir selbst Positives sagen kannst

- Ich will meine weichen und liebevollen Seiten denen zeigen, denen ich vertraue.
- Gute Beziehungen sind viele kleine Kompromisse wert.

Der Friedliebende (die Neun)

Wenn ich dazu komme,
schiebe ich es immer auf.

Neunen werden vom Wunsch getragen, den Frieden zu wahren, mit andern eins zu werden und Konflikte zu vermeiden. Da sie vor allem dazu neigen, die Eigenschaften der übrigen acht Typen zu übernehmen, weist ihre Persönlichkeit viele Schattierungen von sanft und wohlerzogen bis zu unabhängig und durchsetzungsfähig auf.

Im besten Fall sind Neunen
freundlich
friedlich
großzügig
geduldig
aufgeschlossen
diplomatisch
offen
mitfühlend

Im schlimmsten Fall sind Neunen
abgehoben
vergeßlich
stur
grüblerisch
apathisch
passiv-aggressiv
urteilend
unentschlossen

Persönlichkeitsfragebogen

Kreuze an, was auf dich zutrifft, wenn du noch nicht 25 Jahre alt bist, oder was zutraf, bevor du 25 warst.

☐ 1 Ich fühle mich oft eins mit der Natur und den Menschen.
☐ 2 Entscheidungen fallen mir sehr schwer. Ich sehe bei allem immer die Vor- und Nachteile.
☐ 3 Manchmal weiß ich nicht, was ich will, wenn ich mit andern zusammen bin.
☐ 4 Die anderen glauben, ich sei so ruhig, aber insgeheim ängstige ich mich oft.
☐ 5 Anstatt mich an das zu machen, was ich tun sollte, beschäftige ich mich manchmal mit lauter unwichtigen Dingen.
☐ 6 Wenn es um mich herum ungemütlich zugeht, versuche ich einfach, eine Zeitlang an etwas anderes zu denken.
☐ 7 Ich gehe gewöhnlich Unstimmigkeiten lieber aus dem Weg, statt jemandem die Stirn zu bieten.
☐ 8 Wenn ich meinen Tag nicht irgendwie strukturiere, kriege ich beinahe nichts geschafft.
☐ 9 Ich schiebe die Dinge meistens bis zum letzten Moment hinaus, aber fast immer klappt es dann doch noch.
☐ 10 Ich gehe gerne ruhig und gemächlich vor, aber manchmal übernehme ich mich.
☐ 11 Wenn man mir sagt, was ich tun soll, oder mich überwachen will, werden ich bockig.
☐ 12 Ich will sicher sein, daß ich während des Tages Zeit zum Entspannen habe.
☐ 13 Manchmal bin ich schüchtern und unsicher.
☐ 14 Ich mache mir gern ein paar schöne Stunden mit meinem Partner oder Freunden.

☐ 15 Tragende, harmonische Beziehungen sind mir sehr wichtig.
☐ 16 Ich bin sehr empfindlich, wenn man mich kritisiert, und nehme es persönlich.
☐ 17 Ich höre gerne zu und helfe anderen.
☐ 18 Ich konzentriere mich eher auf das Positive als auf das Negative.
☐ 19 Ich trenne mich nur ungern von Dingen.
☐ 20 Ich funktioniere nach dem Trägheitsprinzip: Wenn ich erst einmal warmgelaufen bin, kann ich auch weitermachen, aber manchmal komme ich kaum in Gang.

Wie man gut mit mir auskommt

- Wenn du willst, daß ich etwas für dich tue, dann kommt es sehr darauf an, wie du mich fragst. Erwartungen oder Druck mag ich überhaupt nicht.
- Ich höre gerne zu und leiste jemandem einen Dienst, aber nütze das bitte nicht aus.
- Hör mir zu, bis ich fertig bin, auch wenn ich etwas abschweife.
- Laß mir Zeit, alles fertigzumachen und meine Entscheidungen zu treffen. Es ist aber gut, wenn du mir ab und zu einen sanften Stups gibst, ohne mich zu kritisieren.
- Stell mir Fragen und hilf mir dadurch, mir selber Klarheit zu verschaffen.
- Sag es mir, wenn ich dir gefalle. Ich bin Schmeicheleien nicht abgeneigt.
- Umarme mich und sei zärtlich zu mir. So bekomme ich Zugang zu meinen Gefühlen.

- Ich mag ein anregendes Gespräch, aber Auseinandersetzungen ertrage ich nicht.
- Sag es mir, wenn dir etwas gefällt, was ich gesagt oder getan habe.
- Lache und teile meine Freude am Leben mit mir.

Beziehungen

Neunen in ihrer Höchstform sind in Beziehungen freundlich, sanft, beruhigend, hilfsbereit, loyal und tolerant.

Neunen in ihrer Tiefstform sind in Beziehungen stur, passiv-aggressiv, unbestimmt, überangepaßt und defensiv.

Was Neunen an sich selbst gefällt

- Nicht zu urteilen und einfach zu akzeptieren.
- Für andere zu sorgen und sich um sie zu kümmern.
- Sich entspannen und genießen zu können.
- Zu wissen, daß die meisten gerne mit ihnen zusammen sind.
- Ihre Fähigkeit, die verschiedenen Seiten eines Problems zu sehen und gut vermitteln zu können.
- Die erhöhte Empfänglichkeit für Empfindungen, das Schöne und das Hier und Jetzt.
- Die Fähigkeit, mitzugehen und sich eins mit dem All zu fühlen.

Was Neunen an sich selbst mißfällt

- Beurteilt und mißverstanden zu werden, weil sie friedlich und/oder unentschlossen sind.
- Ihre Selbstkritik wegen ihres Mangels an Initiative und Disziplin.
- Daß sie überempfindlich auf Kritik reagieren und jede hochgezogene Augenbraue und jedes Zucken eines Mundwinkels persönlich nehmen.
- Daß sie nicht wissen, was sie eigentlich wollen.
- Daß sie sich zu sehr darum kümmern, was andere über sie sagen.
- Daß man nicht auf sie hört und sie nicht ernst nimmt.

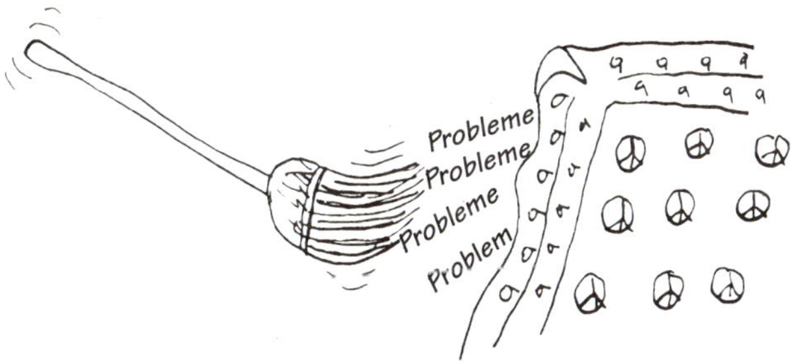

Typische Gedanken einer Neun

Neuner-Kinder

- Fühlen sich oft übergangen; glauben, daß ihre Wünsche, Ansichten und Gefühle unwichtig sind.
- Schalten häufig ab, besonders wenn andere streiten.
- Sind »brave« Kinder. Sie verdrängen ihre Wut oder behalten sie für sich.

Neuner-Eltern

- Sind hilfsbereit, gütig und warmherzig.
- Lassen ihren Kindern manchmal zuviel durchgehen oder geben ihnen gar keine Anweisungen.

Berufe

Neunen hören gut zu, sind objektiv und geben ausgezeichnete Vermittler und Diplomaten ab. Sie nehmen häufig helfende Berufe an. Manche ziehen eine strukturierte Umgebung wie das Militär und den öffentlichen Dienst vor oder werden als Beamte tätig. Wenn sich Neunen zur Drei oder Sechs bewegen oder ihr Einer- oder Achter-Flügel stark ausgeprägt ist, werden sie aggressiver und wettbewerbslustiger.

Freizeit

Neunen können sehr flexibel sein und sich wie jeder der anderen acht Typen betätigen, vom einfachen Entspannen angefangen bis hin zur überschäumenden Unternehmungslust.

Was man über Neunen so sagt

»Bei ihr fühle ich mich immer wohl. Sie ist eine Freundin, die mich genauso nimmt, wie ich bin.«

»Mein Chef ist der geduldigste und einfühlsamste Mensch, den ich kenne. Ich habe nie das Gefühl, daß er mich beurteilt, und das spornt mich erst recht an, mich einzusetzen.«

»Meine Freundin hört mir sorgfältig zu und sieht oft, wo das eigentliche Problem liegt, das ich selbst gar nicht erkannt habe.«

»Mein engster Freund hält mich auf Trab: Er nimmt mich auf Fahrradtouren, zum Wildwasserfahren, Wale anschauen und zum Delphinreiten mit. Im Winter gehen wir zu Vorträgen über den Naturschutz, den Frieden, die neuesten Erkenntnisse der Wissenschaft und Forschung.

Er hat zu jedem einen Draht.

Die Flügel

Manchmal wird deine Persönlichkeit von den Typen neben dir beeinflußt oder vermischt sich mit ihnen. Ein ausgeprägter Flügel kann eine Persönlichkeit stark verändern.
Neunen mit einem stärkeren Achter-Flügel gehen mehr aus sich heraus, sind bestimmter und antiautoritär. Und sie schwanken manchmal zwischen Konfrontation und Versöhnung.
Neunen mit einem stärkeren Einer-Flügel sind meistens ordentlicher, kritischer, haben ihre Gefühle besser unter Kontrolle und sind nachgiebiger.

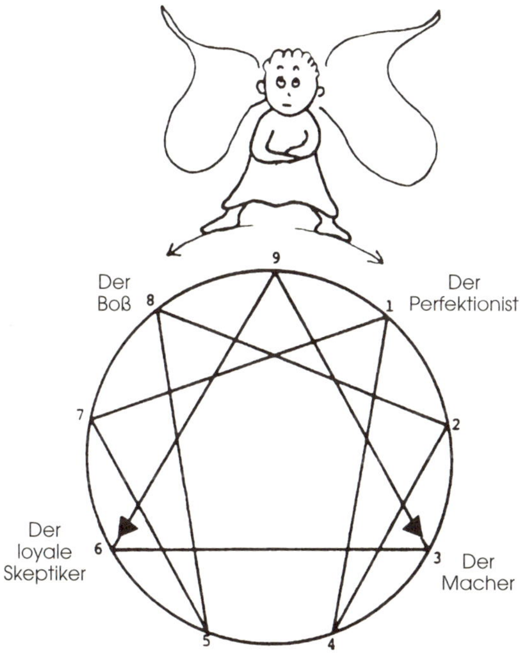

Die Bewegung innerhalb des Enneagramms

Wenn wir den Linien im Enneagramm folgen, bewegen Neunen sich in der einen Richtung auf die Drei zu und in der anderen Richtung zur Sechs. Neunen gehen auf die positive Seite der Drei zu, wenn sie sich sicher fühlen, und sie können diese positiven Eigenschaften fördern. Unter Druck gehen Neunen auf die negative Seite der Sechs zu, können aber versuchen, diese negativen Züge bewußt zu vermeiden. Lies die Kapitel über die Drei und die Sechs, um mehr über sie zu erfahren.

Wenn Neunen auf die positive Seite der Drei zugehen

- Werden sie energischer, tüchtiger und produktiver.
- Schränken sie ihren Blickwinkel ein.
- Werden sie selbstsicherer.
- Nehmen sie die Zügel öfter selbst in die Hand.

Wenn Neunen auf die negative Seite der Drei zugehen

- Übernehmen sie mehr Aufgaben, als sie lösen können.
- Versuchen sie, Eindrück auf andere zu machen, um sich wichtig zu fühlen.
- Arbeiten sie, um Achtung und Bewunderung zu ernten, statt für eigene Ziele, die ihnen etwas bedeuten.

Wenn Neunen auf die negative Seite der Sechs zugehen

- Werden sie von Ängsten und Sorgen überwältigt.
- Haben sie noch mehr Selbstzweifel und werden noch unentschlossener oder rigide.
- Werden sie passiver und untätiger.

Wenn Neunen auf die positive Seite der Sechs zugehen

- Werden sie direkter und offener.
- Werden sie loyaler.
- Werden sie praktischer und realistischer.

Praktische Hinweise und Übungen für die Neun

Da schlägt doch seine Stimmung ohne ersichtlichen Grund um, und ich habe null Ahnung, weshalb er sich in einen Eisklotz verwandelt hat!

1. Beziehungen

- Tu den ersten Schritt, wenn etwas nicht stimmt, anstatt zu hoffen, daß sich die Dinge von selbst einrenken.
- Bitte andere, auf deine Interessen einzugehen, anstatt dich immer nach ihren Interessen zu richten.
- Rede auch mal über deine Probleme, anstatt ständig nur anderen zuzuhören.

- Anstatt zu antworten: »Ich weiß nicht« oder »Was immer du willst, ist mir recht«, versuch's mal mit »Ich sag's dir, wenn ich mich entschieden habe.«
- Sag es, wenn du allein sein willst.
- Äußere deine Ansichten und Gefühle. Lerne, unbequem zu sein.

2. Ärger

- Lerne einen Ärger zu erkennen und ihn angemessen zu äußern. (Viele Neunen explodieren wie Vulkane, weil sie ihren Ärger unterdrücken.)
- Versuche, dir deines Ärgers bewußt zu werden, bevor du ihn unbewußt anderen bereits mitgeteilt hast.
- Nimm wahr, wann du andere verurteilst. Oft steckt verschleierter Ärger dahinter.
- Tu nicht, als sei alles in Ordnung, wenn das nicht der Fall ist.
- Lerne erkennen, wann sich Ärger in dir aufstaut.

Sarah fängt an, Zugang zu ihrer Wut zu finden.

3. Arbeit

- Da das Fassen von Entschlüssen selbst zu einem Aufschubmanöver werden kann, machst du täglich eine kurze Liste dessen, was du erledigen willst. Halte dich daran, das Wichtigste zuerst zu tun.

Wenn sie einmal angefangen haben, sind Neunen nicht mehr zu bremsen.

- Setze dir Ziele mit festen Terminen. Mach weiter, wenn du den ersten eingehalten hast.
- Handle jetzt und befasse dich später mit Zwiespältigkeiten und Folgen.
- Belohne dich selbst, wenn du eine Aufgabe erfüllt hast.
- Lerne Methoden der Zeiteinteilung, damit du konzentriert arbeiten und bei der Sache bleiben kannst.
- Verschönere dir die Hausarbeit dadurch, daß du deine Lieblingsmusik dabei hörst.

4. Aufschieben oder entscheiden?

- Werde dir über deine Ziele klar: Neunen können sehr viel erreichen, wenn sie wissen, was sie wollen.
- Wenn es sich richtig anfühlt, tu es.
- Räume alles aus dem Weg, was du nicht willst, damit du siehst, was du eigentlich willst.
- Entscheide mit den Sinnen: Magst du die Farbe? Wie fühlt es sich an?
- Übe, unwichtigere Entscheidungen zu treffen. Arbeite dich bis zu den wichtigeren empor.

Manchmal schieben Neunen sogar ihre Empörung auf.

5. Selbstachtung

- Tu etwas für deinen Körper. Tai-Chi oder Kampfkünste sind für Neunen besonders gut.
- Widerstehe der Versuchung, dich mit Essen, Drogen, Fernsehen, Schlafen oder Lesen von deinen Problemen abzulenken.
- Widerstehe der Versuchung, am Ende einer Beziehung gleich eine neue einzugehen. Nimm dir Zeit, um über die Stärken und Schwächen der Beziehung nachzudenken.

Zeig, was du kannst – andere wollen sich auch über deine Gaben freuen.

- Knüpfe außerhalb deiner Partnerschaft Freundschaften und Verbindungen, um unabhängiger zu sein.
- Wenn du Probleme hast, bitte einen Freund, dir einfach zuzuhören, ohne dir Ratschläge zu geben.

Was Neunen nie im Traum einfallen würde

- Sofort ja zu sagen, wenn ihr Partner ihnen im Befehlston sagt, sie sollten etwas Unangenehmes erledigen.
- Einen aggressiven Talkmaster anzurufen und sich auf ein Streitgespräch mit ihm einzulassen.
- Absichtlich bei einem Familientreffen einen Aufruhr anzuzetteln.
- Lange im voraus verlauten zu lassen, daß sie irgendwohin wollen, womit ihr Partner nicht einverstanden ist, damit er massenhaft Zeit hat, mit ihnen darüber zu streiten.
- Allen in einer Gruppe zu sagen, daß sie wütend sind, und genau aufzuführen, was jeder einzelne dazu beigetragen hat.
- Einem Freund, der anruft und dringend Mitgefühl braucht, zu sagen: »Ich mag jetzt nicht reden.«
- Jemandem äußerst kritisch die Stirn zu bieten.

Was du dir selbst Positives sagen kannst

- Ich bitte klar und deutlich um das, was ich will.
- Ich lerne, meinen Groll zu erkennen, und benutze ihn als Energiequelle.
- Ich will lieber ein schlechtes Gewissen haben, als herumzurennen und die Erwartungen anderer zu erfüllen.
- Ich habe alles, was ich brauche. Ich bin genug.

NACH DER PARTY

Das Enneagramm und die Jungschen Typen

Viele Variationen innerhalb der neun Typen erklären sich, wenn man das Enneagramm mit dem unter Psychologen hoch angesehenen Myers-Briggs-Typen-Indikator (MBTI) verbindet. Dadurch läßt sich eine größere Genauigkeit erzielen, und das gesamte System bekommt eine breitere Grundlage, was zu einem tieferen Verständnis unserer selbst und anderer führt. Vorkenntnisse des MBTI sind nicht erforderlich, da wir ihn hier vorstellen und

- die acht MBTI-Neigungen bestimmen,
- diese acht Neigungen mit den Enneagramm-Typen verbinden,
- jede der daraus entstehenden sechzehn MBTI-Persönlichkeitsstrukturen im Rahmen der vier Temperamente (nach David Keirsey) erklären
- und die beiden Instrumente in praktischen Tabellen miteinander korrellieren.

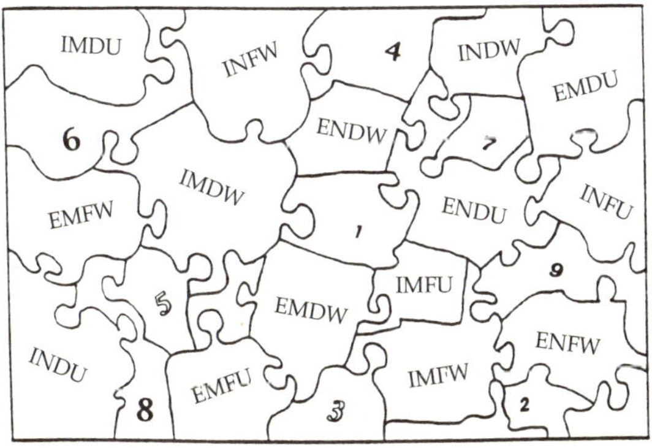

Einführung zum MBTI-Persönlichkeitsfragebogen*

Der MBTI geht davon aus, daß wir mit je einer Neigung zu vier der acht mit dem MBTI gemessenen Persönlichkeitsmerkmalen geboren werden, nämlich zu je einem von vier Paaren. In der ersten Lebenshälfte fördern wir diese bevorzugten Neigungen, um eine starke Persönlichkeit zu werden. In der zweiten Lebenshälfte fördern wir die schwächeren Züge und werden ausgeglichener und runder. So wird beispielsweise ein Introvertierter extravertierter und ein Extravertierter entdeckt die Introversion.
Der Myers-Briggs-Typen-Indikator ist ein Persönlichkeitsfragebogen, der auf den Erkenntnissen von C. G. Jung aufbaut. Er mißt individuelle Neigungen nach den folgenden vier Maßstäben:

1. ob jemand sich mehr an der Außen- oder Innenwelt orientiert (**E**xtraversion oder **I**ntroversion),
2. wie Informationen aufgenommen oder wahrgenommen werden (durch E**M**pfinden oder I**N**tuieren),
3. wie Bewertungen und Entscheidungen getroffen werden (durch **D**enken oder **F**ühlen)
4. und ob jemand systematisch vorgeht und die Dinge abzuschließen sucht oder spontan vorgeht und offen bleibt (**U**rteilen oder **W**ahrnehmen).

Jeder durch vier Buchstaben gekennzeichnete Typ ist eine Kombination jeweils einer Neigung aus jedem der eben genannten vier Eigenschaftspaare.
Wenn jemand **E**xtraversion, E**M**pfinden, **D**enken und **U**rteilen vorzieht, ist er ein **EMDU**-Typ. Es gibt sechzehn mögliche Kombinationen oder Typen.

* Der MBTI wurde von Isabel Myers und ihrer Mutter Katharine Briggs entwickelt, die *Urteilen* und *Wahrnehmung* zu den Jungschen Kriterien hinzufügten.

Auch wenn wir mit allen acht Neigungen leben, so ist doch von jedem Paar gewöhnlich die eine Neigung ausgeprägter als die andere.

MBTI-Definitionen

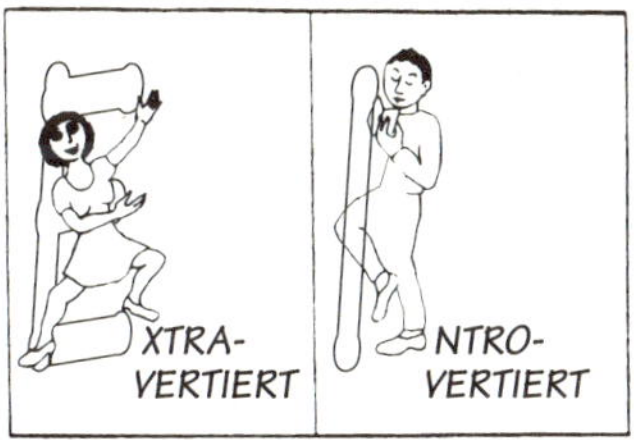

Die Neigung zum Extravertierten oder zum Introvertierten richtet sich danach, ob jemand stärker auf die Außen- oder Innenwelt bezogen lebt.

Extravertierte

- sind kontaktfreudig, aktiv und fühlen sich unter Menschen wohl,
- kommen durch Kontakt mit der Außenwelt in Schwung,
- sind an einer großen Bandbreite von Erfahrungen interessiert,
- entdecken durch Reden und Handeln, was sie denken und fühlen,
- handeln erst einmal und denken vielleicht später darüber nach.

Introvertierte

- sind still, nachdenklich und ziehen Kontakte unter vier Augen vor,
- sammeln Energie, wenn sie allein sind,
- interessieren sich für die Tiefe einer Erfahrung,
- entdecken durch inneres Verarbeiten, was sie denken und fühlen,
- denken zuerst, und dann handeln sie vielleicht.

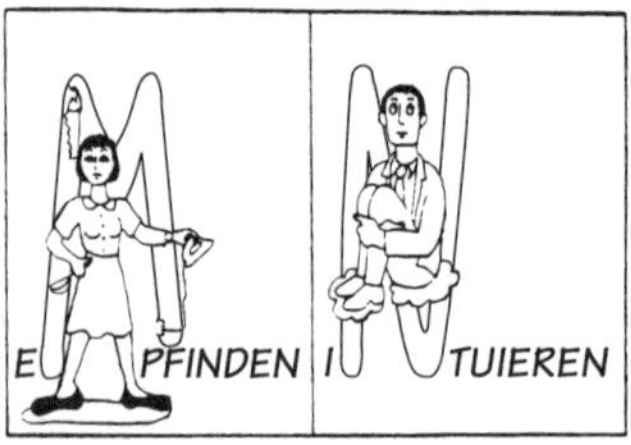

Die Neigung zum EMpfinden oder zum INtuieren
zeigt an, wie Informationen auf- oder wahrgenommen werden.

EMpfindungstypen (Abkürzung M)

- verlassen sich auf Informationen, die ihnen ihre fünf Sinne vermitteln,
- sind praktisch veranlagt, stehen mit beiden Beinen auf dem Boden, leben in der Gegenwart,
- interessieren sich mehr für Aktuelles als für Möglichkeiten, die in der Zukunft liegen,
- arbeiten Schritt für Schritt nach herkömmlicher Art; achten gewöhnlich auf Einzelheiten.

INtuitive Typen (Abkürzung N)

- beziehen ihre Informationen über ihren sechsten Sinn in Form von Ahnungen, Einsichten und Eingebungen,
- sind an Möglichkeiten interessiert; setzen ihre Vorstellungskraft ein, sind visionär veranlagt,
- probieren gerne neue Vorgehensweisen aus; arbeiten in Energieschüben,
- konzentrieren sich auf das Gesamtbild und neigen dazu, Einzelheiten zu übergehen.

Die Neigung zum Denk- oder zum Fühltyp

Wenn jemand mit der Neigung, zu e**M**pfinden oder zu i**N**tuieren, Informationen erst einmal aufgenommen hat, zieht er seine Schlüsse aufgrund seiner Neigung zum Denken oder Fühlen und trifft seine Entscheidungen dementsprechend.

Denker

- entscheiden aufgrund von Logik und Analyse,
- schätzen Prinzipien, Gesetze und festgelegte Verfahrensweisen,
- neigen dazu, unpersönlich, objektiv und kritisch zu sein.

Fühltypen

- filtern Informationen durch persönliche Wertmaßstäbe,
- schätzen Harmonie, sind hilfsbereit und mitfühlend,
- fühlen sich wohl, wenn man sie lobt; reagieren empfindlich auf Kritik.

Die Neigung zum Urteilen oder zur Wahrnehmung

Damit wird gemessen, wie das Leben in Beziehung zur Außenwelt organisiert wird. Urteiler treffen relativ schnell ein Werturteil mit Hilfe der Denk- oder Fühlfunktion, um zu einem Abschluß zu kommen. Wahrnehmende schieben den Abschluß hinaus und sammeln mit E**M**pfindung oder I**N**tuition stets weitere Informationen.

Urteiler

- gehen recht strukturiert und effizient vor,
- leben planmäßig und organisiert; machen oft Listen und halten sich daran,
- drängen zu schnellen Entscheidungen, um zu einem Abschluß zu kommen.

Die Neigung zum Urteilen heißt nicht, daß »bewertet« wird!

Wahrnehmer

- sind recht anpassungsfähig, flexibel und spontan,
- wollen sich ihre Möglichkeiten offenhalten und neue Möglichkeiten erkunden,
- schieben den Abschluß der Dinge hinaus und sammeln immerzu noch mehr Informationen, bevor sie Entscheidungen treffen.

Die Jungschen Neigungen und das Enneagramm

Eins (der Perfektionist)

Extravertierte Einsen sind oft Führerpersönlichkeiten und versuchen, ihre Auffassung dessen, was sie für Perfektion halten, anderen aufzudrängen.
Introvertierte Einsen lenken ihren Perfektionismus nach innen und versuchen eher, sich selbst zu verbessern.

Empfindende Einsen sind praktisch veranlagt, kümmern sich um Einzelheiten und mögen Regeln und die Tradition.
Intuitive Einsen sind oft idealistische Neuerer und unkonventionelle Individualisten.

Denkende Einsen sind logisch, analytisch und kritisch veranlagt; ihnen geht es mehr um Daten und Dinge als um Menschen.
Fühlende Einsen helfen gerne, sind harmonieliebend, haben mehr Angst vor Kritik und wenden ihren Ärger eher nach innen.

Urteilende Einsen sind verläßlich, wohlorganisiert und -strukturiert.
Durch die Förderung der *Wahrnehmung* werden *Einsen* flexibler, anpassungsfähiger und spontaner.

Urteilen ist der Hauptzug der Eins.

Zwei (der Helfer)

Extravertierte Zweien sind redselig, theatralisch und energisch. Sie gehen auf Menschen zu und ziehen gerne die Aufmerksamkeit auf sich.
Introvertierte Zweien sind zurückhaltender und helfen in der Stille.

Empfindende Zweien bieten andern eine ganz praktische, konkrete Hilfe an.
Intuitive Zweien sind individualistischer und leben eher in einer Gedankenwelt. Sie werden Meister der Überzeugungskunst und überlegen sich, wie sie anderen das Leben erleichtern könnten.

Zweien fühlen am liebsten. Gewöhnlich sind sie warmherzig und mitfühlend und versuchen, ihre Umgebung harmonisch zu gestalten.
Zweien sind beinahe nie *Denktypen.* Deshalb verhilft die Förderung von Denkqualitäten wie Objektivität und Distanz der Zwei dazu, die Dinge weniger persönlich zu nehmen.

Urteilende Zweien sind gewissenhaft, ernsthaft, ordentlich und verantwortungsvoll.
Wahrnehmende Zweien sind fröhlicher, anpassungsfähiger und spontaner.

Der Hauptzug der Zwei ist das Fühlen. Sie neigt zur Extraversion.

Drei (der Macher)

Dreien neigen zur *Extraversion,* sind tatorientiert und schnell. Extravertierte Dreien sind gute Vermittler und stehen gerne im Rampenlicht.
Introvertierte Dreien sind stiller, reservierter und mehr nach innen gekehrt.

Empfindende Dreien sind oft realistisch, traditionsgebunden und detailorientierte Problemlöser.
Intuitive Dreien sind auf die Zukunft ausgerichtete Neuerer oder Visionäre.

Denkende Dreien sind objektiv, geistig zäh und zielbewußt. Sie werden oft leitende Persönlichkeiten einer Organisation.
Fühlende Dreien sind mehr auf Menschen eingestellt und finden sich häufiger unter Frauen. Harmonie ist ihnen sehr wichtig.

Urteilende Dreien gehen geregelt vor, sind gut organisiert und tüchtig.
Wahrnehmende Dreien sind spontaner, flexibler und anpassungsfähiger.

Die Drei neigt zur Extraversion und zum Urteilen.

Vier (der Romantiker)

Extravertierte Vieren sind gesellig und ausdrucksvoll (manchmal großspurig). Ihr Dreier-Flügel ist meistens stärker entwickelt.
Introvertierte Vieren sind ernster, reservierter und zurückgezogener.

Empfindende Vieren drücken sich durch Taten aus und leben mehr im Hier und Jetzt.
Intuitive Vieren sind einsichtig und idealistisch und interessieren sich oft mehr für ihre Vorstellungswelt als für die alltägliche Realität.

Vieren fühlen am liebsten. Sie sind emotional empfindsam, mitfühlend und warmherzig.
Denkende Vieren sind selten. Sie sind eher analytisch orientiert und objektiv.

Urteilen hilft *Vieren*, sich zu konzentrieren und durchzuhalten.
Wahrnehmende Vieren sind impulsiver, unentschlossener und anpassungsfähiger.

Die Vier neigt zur Introversion und zum Fühlen.

Fünf (der Denker)

Extravertierte Fünfen nehmen kein Blatt vor den Mund, sind gesellig und setzen sich intellektuell durch.
Die meisten *Fünfen* sind aber *introvertiert* und distanzierte, zurückhaltende und ruhige Menschen.

Empfindende Fünfen sind realistisch und praktisch veranlagt und ordnen gerne Daten ein.
Intuitive Fünfen sind einsichtiger, führen gerne Neuerungen ein, sind theoretischer ausgerichtet und gebildeter.

Denkende Fünfen wenden Logik und analytische Fähigkeiten zur Problemlösung und Entscheidungsfindung an.
Fühlende Fünfen sind meistens sensibel und gehen auf andere ein, was auf einen ausgeprägteren Vierer-Flügel schließen läßt.

Urteilende Fünfen sind gut organisiert, entschlossen und setzen ihre Ideen gerne in der Welt um.
Wahrnehmende Fünfen sind weniger darauf aus, etwas zu vollenden. Sie lassen sich oft von neuen Möglichkeiten ablenken.

Die Fünf neigt zur Introversion und zum Denken.

Sechs (der loyale Skeptiker)

(Sechsen sind wechselhafter in ihren Neigungen als alle anderen Typen.)

Extravertierte Sechsen sind redselig und gesellig.
Introvertierte Sechsen sind reservierter und zurückgezogener.

Empfindende Sechsen sind praktisch veranlagt, verläßlich und traditionsgebunden.
Intuitive Sechsen sind individualistische Neuerer und zukunftsorientiert. Sie reden und denken lieber, als zu handeln.

Denkende Sechsen sind oft kritisch, objektiv und denken logisch. Sie wehren die Angst öfter ab als der Fühltyp.
Fühlende Sechsen sind fürsorglich, loyal, abhängig und neigen zu Phobien.

Sechsen neigen häufig zum *Urteilen.* Sie lieben Strukturen und einen sauberen Abschluß.
Wahrnehmende Sechsen sind anpassungsfähiger und spontaner.

Die Sechs korrelliert mit allen MBTI-Typen.

Sieben (der Vielseitige)

Extravertierte Siebenen sind gesprächig, gesellig, flink und amüsieren sich gerne. Sie haben gewöhnlich eine Menge Freunde und machen die unterschiedlichsten Erfahrungen.
Introvertierte Siebenen sind reservierter, zurückgezogener und verspielter.

Empfindende Siebenen handeln gerne, sind spielerisch und realistisch. Sie lernen aus der direkten Erfahrung und der Beobachtung.
Intuitive Siebenen sind meistens einfallsreich und schöpferische Neuerer.

Denkende Siebenen neigen zu Objektivität und Logik, fordern heraus und nehmen kein Blatt vor den Mund.
Fühlende Siebenen sind sanfter, verständnisvoller und gehen mehr auf andere ein.

Urteilende Siebenen sind meistens gute Verwalter und Organisatoren, die Projekte und Pläne hervorragend durchziehen.
Siebenen ziehen oft die *Wahrnehmung* vor. Sie halten sich gerne alle Möglichkeiten offen; manchmal haben sie Schwierigkeiten, etwas zu Ende zu führen.

Die Sieben neigt zur Extraversion und zur Wahrnehmung.

Acht (der Boß)

Extravertierte Achten sind energiegeladen, überschwenglich, freimütig und effektiv. Oft werden sie überzeugende Führungspersönlichkeiten.
Introvertierte Achten sind zurückgezogen, reserviert und kontrollieren in der Stille. Sie wirken ganz anders als die extravertierten Achten.

Empfindende Achten haben die Füße auf dem Boden, gehen pragmatisch vor und interessieren sich für Tatsachen.
Intuitive Achten werden manchmal visionäre oder innovative Führer.

Achten, die lieber *denken,* sind direkt, analytisch und geradeheraus.
Wenn *Achten* zum *Fühlen* neigen, sind sie hilfsbereit und unterstützen andere.

Urteilende Achten sind entschlußfreudig, gut organisiert und halten durch.
Wahrnehmende Achten sind spontaner, ruheloser und antiautoritär.

Die Acht neigt zur Extraversion und zum Denken.

Neun (der Friedliebende)

Extravertierte Neunen sind gesellig, redselig und energisch.
Introvertierte Neunen sind still, freundlich, bescheiden und zurückhaltend.

Empfindende Neunen sind traditionsgebunden, haben die Füße auf dem Boden und leben im Augenblick.
Intuitive Neunen sind idealistischer, individualistischer und an Ideen und Möglichkeiten interessiert.

Denkende Neunen sind eher analytisch, kritisch und objektiv veranlagt.
Fühlende Neunen schätzen Harmonie und angenehme Beziehungen.

Urteilende Neunen sind gut organisiert, produktiv und möchten die Dinge zu einem Abschluß bringen.
Neunen sind häufig *Wahrnehmer.* Sie halten sich gerne alle Möglichkeiten offen und haben manchmal Schwierigkeiten, etwas abzuschließen.

Die Neun neigt zur Introversion und zur Wahrnehmung.

Das Enneagramm und die 16 Myers-Briggs-Typen

(Nach den »vier Temperamenten« von David Keirsey)

Der Traditionalist: das MU-Temperament

EMpfindende Urteiler

- Wollen nützlich sein, anderen dienen und suchen Zugehörigkeit.
- Sind pflichtbewußt, loyal und gewissenhaft; Familie und Tradition sind ihnen wichtig.
- Sind realistisch und praktisch veranlagt. Sie mögen klare Strukturen und festgelegte Vorgehensweisen.
- Machen sich oft Sorgen um die Zukunft.
- Können sich verpflichtet und überlastet fühlen und glauben, andere würden sie als selbstverständliche Gegebenheit betrachten.

Berufe: Sie arbeiten für etablierte Institutionen oder dienen anderen als Lehrer, Manager, Krankenschwestern, Prediger, Bankfachleute, Verkäufer, im öffentlichen Dienst und im Haushalt.

Der **EMDU**-Typ (**E**xtraversion, E**M**pfinden, **D**enken, **U**rteilen) ist logisch, entschlußfreudig, tüchtig und geradeheraus; er will die Führung übernehmen und schätzt Tüchtigkeit.
Der **EMFU**-Typ (**E**xtraversion, E**M**pfinden, **F**ühlen, **U**rteilen) ist begeisterungsfähig, warmherzig, redselig und nimmt Anteil; er will anderen dienen.
Der **IMDU**-Typ (**I**ntroversion, E**M**pfinden, **D**enken, **U**rteilen) ist ruhig, ernst, fordernd und arbeitet hart; er konzentriert sich auf Einzelheiten und verfolgt die Dinge konsequent bis zu Ende.
Der **IMFU**-Typ (**I**ntroversion, E**M**pfinden, **F**ühlen, **U**rteilen) ist still und freundlich, bescheiden, hingebungsvoll und überaus verläßlich. Oft hilft er hinter den Kulissen.

Der Tatmensch: das MW-Temperament

EMpfindende Wahrnehmer

- Mögen Freiheit, sind Tatmenschen, dabei aber praktisch und realistisch veranlagt.
- Sind optimistisch, großzügig, begeisterungsfähig, spontan und flexibel.
- Sind »Freigeister« und wollen als solche betrachtet werden. Sie mögen weder eingesperrt sein noch Verpflichtungen oder Routine.
- Leben im Augenblick und genießen ihn; langfristige Pläne und die Dinge abschließen interessiert sie nicht so sehr.

Berufe: Sie mögen Abwechslung und Herausforderungen und finden diese als Piloten, Feuerwehrmänner, medizinische Hilfskräfte, Unternehmer, Trouble-shooter und Hochleistungssportler. Manche arbeiten auch als Bauunternehmer, Handwerker, Künstler, Krankenschwestern, Lehrer und als Kinderbetreuer.

Der **EMDW**-Typ (**E**xtraversion, E**M**pfinden, **D**enken, **W**ahrnehmen) ist pragmatisch und energisch, ihn ziehen Risiken und Herausforderungen an; manchmal ist er unverschämt unverblümt.
Der **EMFW**-Typ (**E**xtraversion, E**M**pfinden, **F**ühlen, **W**ahrnehmen) ist liebenswürdig, ungezwungen, gesellig und redet gern; er steht gerne anderen bei.
Der **IMDW**-Typ (**I**ntroversion, E**M**pfinden, **D**enken, **W**ahrnehmen) ist ruhig, zurückhaltend, unabhängig, distanziert und oft ein neugieriger Zuschauer.
Der **IMFW**-Typ (**I**ntroversion, E**M**pfinden, **F**ühlen, **W**ahrnehmen) ist natürlich, sanft, bescheiden, loyal, mitfühlend, offen und versöhnlich.

Der Wißbegierige: das ND-Temperament

Die iNtuitiven Denker

- Schätzen Wissen und Kompetenz.
- Sind analytisch denkende Neuerer und Theoretiker.
- Interessieren sich für das Gesamtbild und für alles, was eventuell auch noch möglich wäre.
- Fordern Autoritätsfiguren oft heraus oder stellen bestehende Systeme in Frage.

Berufe: Sie prüfen Ideen, entwickeln Modelle und erfinden als Wissenschaftler, Philosophen, Architekten, Erfinder, Ingenieure und Sicherheitsanalytiker die verschiedensten Systeme und Apparate.

Der **ENDU**-Typ (**E**xtraversion, I**N**tuition, **D**enken, **U**rteilen) führt Neuerungen ein, ist logisch, tüchtig, direkt, entschlußfreudig und fordernd. Oft wird er eine führende Persönlichkeit.
Der **ENDW**-Typ (**E**xtraversion, I**N**tuition, **D**enken, **W**ahrnehmen) ist begeisterungsfähig, freimütig, nonkonformistisch, einfallsreich und ein Neuerer; allerdings hat er manchmal Mühe, eine Sache konsequent zu verfolgen.
Der **INDU**-Typ (**I**ntraversion, I**N**tuition, **D**enken, **U**rteilen) ist sehr unabhängig, entschlossen und ein großer Individualist. Er spornt sich und andere an, um gesetzte Ziele zu erreichen.
Der **INDW**-Typ (**I**ntraversion, I**N**tuition, **D**enken, **W**ahrnehmen) ist ein Theoretiker, analytisch veranlagt, neugierig, zurückhaltend und einsichtig. Er schätzt Genauigkeit des Denkens und der Ausdrucksweise und löst gerne Probleme.

Der Identitätssucher: das NF-Temperament

INtuitive Fühler

- Suchen eine eigene, einmalige Identität und stellen diese dar; sie sind einfallsreich und einsichtig und werden von allen Temperamenten am wenigsten verstanden.
- Sind warmherzig und fürsorglich und bringen sich stark in Beziehungen ein.
- Kritik verletzt sie schnell.
- Sind Weltverbesserer und bringen gerne die besten Seiten anderer ans Licht; sie suchen neue Möglichkeiten, um anderen zu helfen, ihr Potential auszuschöpfen.

Berufe: Sie können andere in Wort und Schrift gut anfeuern und überzeugen oder sind als Schriftsteller, Journalisten, Lehrer, Verkäufer, Künstler, Schauspieler oder Berater kreativ tätig.

Der **ENFU**-Typ (**E**xtraversion, I**N**tuition, **F**ühlen, **U**rteilen) ist überschwenglich, neugierig, freundlich, angenehm, hilfsbereit und gewissenhaft; er gibt einen begabten Redner und Führer ab.
Der **ENFW**-Typ (**E**xtraversion, I**N**tuition, **F**ühlen, **W**ahrnehmen) ist begeisterungsfähig, einfallsreich, vielseitig, kann sich gut verständigen und denkt sich immer neue Möglichkeiten aus; er nimmt Neues mit Begeisterung in Angriff, führt es aber oft nicht zu Ende.
Der **INFU**-Typ (**I**ntraversion, I**N**tuition, **F**ühlen, **U**rteilen) ist sanft, still, gewissenhaft, hält durch und sucht harmonische Beziehungen; in aller Ruhe setzt er seine Prinzipien und Ideale durch.
Der **INFW**-Typ (**I**ntraversion, I**N**tuition, **F**ühlen, **W**ahrnehmen) ist zurückhaltend, sanft, neugierig, kreativ, offen und idealistisch; oft arbeitet er lieber selbständig.

Enneagramm-Typen

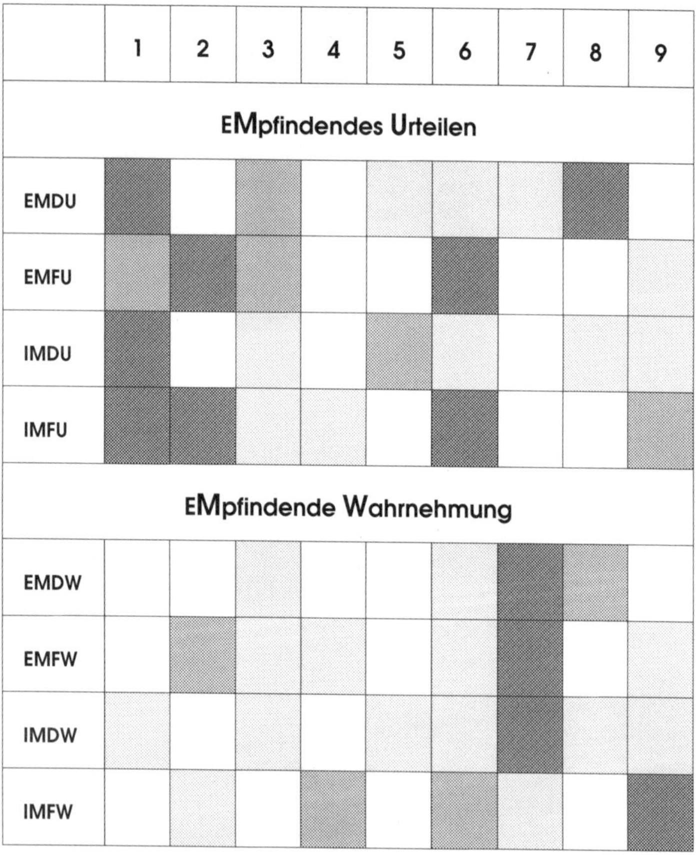

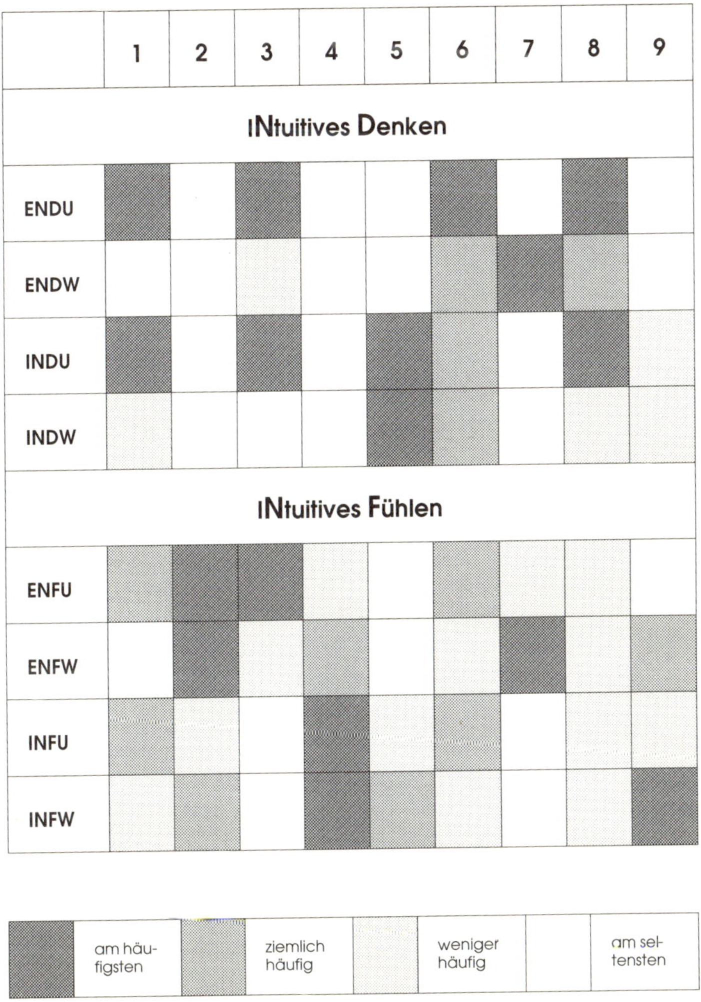
1
2
3
4
5
6
7
8
9
INtuitives Denken
ENDU
ENDW
INDU
INDW
INtuitives Fühlen
ENFU
ENFW
INFU
INFW
am häufigsten
ziemlich häufig
weniger häufig
am seltensten

Weiterführende Literatur

Zum Enneagramm

Hurley, Kathleen V., und Dobson, Theodore E.: *Wer bin ich? Persönlichkeitsfindung mit dem Enneagramm.* Pattloch, Augsburg 1993.

Palmer, Helen: *Das Enneagramm.* Knaur-TB, München 1991.

–: *Das Enneagramm in Liebe und Arbeit.* Knaur-TB, München 1995.

Riso, Don Richard: *Die neun Typen der Persönlichkeit und das Enneagramm.* Knaur-TB, München 1989

–: *Das Enneagramm-Handbuch.* Knaur-TB, München 1993.

–: *Enneagramm Transformation.* Houghton Mifflin, Boston 1993.

Jaxon-Bear, Eli: *Die neun Zahlen des Lebens.* Knaur-TB, München 1989.

Rohr, Richard, und Ebert, Andreas: *Das Enneagramm: die neun Gesichter der Seele.* Claudius Verlag, München 1991.

Zum Myers-Briggs-Typen-Indikator

Bents, Richard: *Der MBTI: die 16 Grundmuster unseres Verhaltens nach C. G. Jung.* Claudius Verlag, München 1992

Keirsey, David, und Bates, Marilyn: *Please Understand Me.* Prometheus Nemesis Book Co., Del Mar, CA 1978.

Myers, Isabel Briggs, und Myers, Peter B.: *Gifts Differing.* Consulting Psychologists Press, Palo Alto, CA 1980.